그들을 잡아줘, 떨어지기 전에

- 붕괴에 대한 정신분석 -

크리스토퍼 볼라스 지음
박미경 · 이재훈 옮김

한국심리치료연구소

Catch Them Before They Fall

-The Psychoanalysis of Breakdown-

Christopher Bollas

Copyright ⓒ 2013 Christopher Bollas
Translation copyright ⓒ Korea Psychotherapy Institute 2018

본 저작물의 한국어판 저작권은
Taylor & Francis Group.을 통한
독점 계약으로 한국심리치료연구소가 소유하고 있습니다.
저작권법에 의하여 보호를 받는 저작물이므로
무단전제와 무단복제를 금합니다.

그들을 잡아줘, 떨어자기 전에

발행일: 2019년 1월 15일
크리스토퍼 볼라스 지음
옮긴이: 박미경 • 이재훈
펴낸이: 이재훈
펴낸곳: 한국심리치료연구소

등록 • 제 22-1005호(1996년 5월 13일)
주소 • 서울시 종로구 새문안로 5가길 28 918호
Tel • 730-2537, 2538   Fax • 730-2539
www.kicp.co.kr   E mail: kicp21@naver.com

값 18,000원

ISBN 978-89-97465-42-2 93180

이 도서의 국립중앙도서관 출판시도서목록(cip)은 홈페이지
(http://www.nl.go.kr/cip.php)에서 이용하실 수 있습니다.
(CIP제어번호: CIP2018042848)

그들을 잡아줘, 떨어지기 전에
- 붕괴에 대한 정신분석 -

Christopher Bollas

목차

서론 ·· 7
1. 깨진 자기 ······································ 21
2. 붕괴의 신호들 ································ 30
3. 가이드라인 ···································· 44
4. 에밀리 ·· 55
5. 안나 ··· 63
6. 마크 ··· 82
7. 역사와 사후 사건(AprésCoup) ············ 93
8. 시간 ·· 102
9. 정서적 경험 ·································· 108
10. 반추, 설명, 그리고 훈습 ················ 114
11. 정신의 변화 ································· 130
12. 결론 ··· 136
13. 질문들 ·· 143
참고도서 ··· 176

서론

사람들은 많은 다양한 이유로 정신분석이나 심리치료를 찾는다. 그들 중에는 비록 간신히 붕괴를 버티고 있는 사람들은 있어도, 붕괴를 겪어내기 위해 정신분석이나 심리치료를 찾는 이는 거의 없다. 의식적으로는, 완곡하게 표현해서 '관계의 문제들' 또는 '상황의 문제들'을 작업해내기 위해 말 치료(talking therapy)를 찾지만, 많은 이들은 살아남을 거라고 상상하지 못한 채 자신만의 커다란 정신적 고통을 겪고 있다.

정신분석가들은, 분석이 일주일에 여러 번 행해진다면, 그리고 피분석자가 일반적인 방식대로 퇴행하여 의존한다면, 자기(self)는 방어들을 줄이고, 해석적 변형에 마음을 개방하며, 왜곡된 성격 패턴들을 포기하는 것을 통해서, 보통 외상적이지 않은 방식으로 서서히 붕괴한다는 것을 알게 되었다. 이것이 많은 정신분석 작업이 작용하는 방식이며, 이런 점에서 대부분의 표준적 정신분석은 어떤 종류의 보완도 필요로 하지 않는다.

정신병원에 소속된 정신분석 임상가들 중에는 정신증을 앓고 있는 사람들과 분석적 작업을 수행하는 데 특별히 관심을 갖는 사람들이 있다. 그런 경우가 아니라면, 대부분의 정신분석가들은 일정한 범위에 속한 환자들을 보고, 드물게만 정신증 환자나 붕괴 직전에 있는 환자와 접촉하게 된다. 보통, 어떤 잠재적인 파국도 전통적인 정신분석 작업을 통해서 완화될 수 있지만, 이따금씩 그렇지 않은 것으로 드러나기도 한다.
 이 책은 심리치료나 정신분석에서 갑자기 또는 서서히 붕괴의 신호들을 보여주는 사람들, 그럼에도 여러 가지 이유로 보통의 임상적 접근법으로는 다룰 수 없는 사람들과의 작업에서 제기된 도전들에 응답하기 위해서 쓰여졌다. 이 책은 한 사람에게 평생 영향을 끼칠 수 있는 일반적인 경로—입원 그리고/또는 향정신성 약물이나 항우울증 약물—대신에 다른 길을 제시한다.
 더 나아가, 이 책은 세간에 많은 호응을 받고 있는 CBT(인지행동치료)나 DBT(변증법적 행동치료) 같은 인지적인 치료법에 반론을 제기하려는 의도를 갖고 있다. 그런 치료법은 사실상 제한된 시간 동안 행해지는 인지적 프로젝트에 환자의 주의를 돌리게 함으로써, 그가 자신의 내적 삶으로부터 벗어날 수 있게 해주는 것이다. 이것은 마치 엄마가 걸음마 아이의 울음을 해결하기 위해, '와, 저것 좀 봐!'라고 말하면서 관심을 분산시키는 것과도 같다. 이런 식의 개입들은 필요한 위기를 미리 차단해버리거나 증상적 행동이 지닌 깊은 기능을 사소한 것으로 만든다.
 만약 환자의 붕괴가 자기의 취약성 덕에 지금 변화를 위해 개방되는 결정적인 이슈들을 증류해낸다면, 분석가 편에서의 적절한 분석적 반응의 결여는 자기의 욕구들을 충족시켜주지 못하는 결정적인 실패를 구성한다. 이런 일이 일어날 때 피분석자는, 자기의 욕구들은 충족될 가치가 없거나 너무 과해서 다룰 수 없는 것이라는 가정 위에 세워진 원칙을 따라, 붕괴 과정을 중단할 것이다. 그러면 붕괴는 자기 안의 영구적인 결함으로 *구조화되는* 데, 내가 보기에, 그 결함은 나중의 분석 작업에서, 관심 있는 분석가와의 작업에서든 향후의 심리치료에서든, 바로잡기가 거의 불가능하다.
 CBT/DBT를 통한 주의의 분산은 자기를 피상적이 되게 하고,

종종 환자와, 비용-효율적인 자기에 몰두해 있는 병원의 통계숫자와 국가를 안심시키기 위해 잠시 동안 갈라진 인격의 틈새들을 봉합한다. 그러나 붕괴를 심오한 인간적 경험으로 이해하는 사람들에게 있어서, 그들의 연약함이 갖는 의미들로부터 자기의 주의를 분산시키는 것은 특별히 새로운 형태의 상실을 발생시킨다. 그런 피상적인 치료법의 장기적인 영향을 이 세기 동안에 알기에는 너무 이르다. 그렇다고 해도 내 입장은 시간이 말하도록 맡겨두어야 한다는 생각은 무책임하다고 보는 것이다. 붕괴를 겪고 있는 사람들은 내면세계에서 자기계발서로 그들의 시선을 분산시켜줄 누군가를 필요로 하지 않는다. 그들에게 필요한 것은, 누군가가 그들에게 제시되고 그들의 위기를 구성하고 있는 것을 자기의 깊은 데서 듣고 이해하는 것이다.

아래의 내용은 적절한 관점에서 읽어야만 한다. 그동안 내가 분석가로서 함께 작업한 대다수의 사람들은 '보통의' 환자들로서, 다양한 이유들로 고통 받고 있었고, 그것을 말할 수 있었으며, 전이 안에서 그것을 실연할 수 있었다. 그들과는 전통적인 분석이 잘 맞았다. 따라서 이 책은 매우 일반적이지 않은 상황들을 제시한다는 점을 지적하는 것이 중요하다. 대부분의 분석가들은 이 책에서 언급되는 유형의 상황을 결코 만나지 않을 수도 있다. 하지만 그것이 고려할 가치가 없을 정도로 특수한 것은 아니다.

나는 이따금씩, 아마도 몇 년에 한 번 정도로, 내게 무언가 다른 것을 요청하는 것처럼 보이는 환자를 만난다. 나는 특별한 진단명들을 말하고 있지 않다. 나는 분석가로서 일하기 시작한 첫 해에 세 명의 정신증 환자들과 주 5회 분석을 했는데, 그들은 조적 환자이거나 환각증상이 심하지 않았으며, 그런 증상들은 그들이 주기적으로 보이는 특징이었다. 내가 말하고 있는 것은, 비정신증적인 사람들이 변화된 말과 행동을 통해서, 자신들이 붕괴를 시작하고 있음을 보여주는 비교적 드문 사례들에 관해서이다.

영국에서 나처럼 의사가 아닌 정신분석가들은 환자가 어려움에 처할 때, 지역 일반의에게 전화로 보고하게 되어 있다. 의사는 그 사람을 만나보고, 대부분 병원의 돌봄을 받는 것을 추천하기 쉽다. 내가 이 책의 4장에서 논의하게 될 환자와 이런 일이 처음에 일어났을 때, 내가 일반의사의 업무를 잘 알고 있었던 것은 다행이었다. 나는 그 사람이 입원하지 않아도 되는지를 알아보기 위해 정신분석 회기들을 연장해 줄 수 있느냐고 물었고, 동의를 얻었다.

그래서 나는 처음에 주중에 그녀를 더 자주 만났고, 그것이 충분하지 않은 것처럼 보였을 때 하루도 빼지 않고 매일 두 번씩 보는 것으로 바꾸었다. 그녀가 위기에서 벗어날 때까지 삼주 동안 계속되었다. 나는 그것이 이례적인 것임을 알고 있었지만, 당시에는 그것이 일회적인 것이라고 생각했다.

사실 나는 여러 해 전에 나의 환자가 긴급한 돌봄을 필요로 한다면 어떻게 해야 할지를 생각해보았고, 런던북부에 위치한 몇몇 병동을 방문했었다. 그리고 필요할 경우 환자를 병원에 데리고 갈 방법에 대해 궁리한 끝에, 믿을 만한 지역 택시회사를 찾아서, 그들의 전화번호를 상담실에 비치해두었다.

나는 내가 매우 존경하는 동료이자 정신과 훈련을 받은 일반의인 닥터 브랜치와의 대화를 통해서, 정신증 환자나 붕괴를 겪고 있는 환자에게 안아주는 환경을 제공할 수 있는 사람들과 팀을 구성하는 것이 가능하다는 것을 깨달았다.[1] 그 아이디어는

---

1) 닥터 브랜치는 가명이다. 그의 이름이 알려지는 것은 많은 환자들의 비밀보장 권리를 위협할 수 있다는 이유로 그렇게 하기로 결정했다.

환자를 병원에 입원시키지 않으면서 정신분석적으로 지향된 돌봄을 제공한다는 것이었고, 나는 또한 이런 생각을 지역의 사회복지사 팀의 지도자 및 그의 동료들과 의논했다. 1970년대 후기에 내가 정신분열증 환자들 및 조울증 환자들과 작업할 때, 닥터 브랜치는 나에게 의학적 지원을 제공했고, 그런 환자들이 심각한 상태에 있을 때 우리는 입원을 예방할 수 있는 방식으로 협력해서 일했다.

나는 나의 경력이 20년이 되었을 때에야 비로소 하나의 패턴에 주목하기 시작했다: 어떤 사람들은 어떤 시점에서, 우리가 그들의 임상적 욕구를 충족시키고 그들의 치료에서 실패하지 않기 위해서는, 특별한 형태의 정신분석적 치료를 필요로 하는 것처럼 보인다는 사실. 1980년대 중반에, 환자의 임박한 붕괴에 대한 반응으로 내가 그들의 회기 수를 늘였던 경우들이 여러 번 있었다.

그 시기에 나는 또한 이와 비슷한 일을 시도했던 해외의 치료사들과 분석가들의 사례들을 많이 슈퍼비전했다. 하지만 거기에는 매우 중요한 차이가 있었다: 그 임상가들은 대개 여기저기에서 추가 회기를 제공했고, 그것도 너무 늦게 그렇게 했다. 다른 말로, 그들은 예방적 돌봄이 아니라 반응적 치료를 제공했다. 더욱이, 그들은 자신들이 환자들에게 행하는 것에 대한 양가감정을 환자들에게 소통하는 경향이 있었는데, 이는 알지 못하는 사이에 더 많은 불안을 조장함으로써 곧 자주 입원으로 귀결되는 악순환(환자와 분석가가 서로를 점점 더 놀라게 만드는)을 형성했다.

붕괴의 결과는 꼭 정신증적 해체가 될 필요가 없다. 비록 그런 일이 발생할 수도 있지만 말이다. 보다 일반적으로, 변형이라는 돌파구를 찾지 못한 채, 붕괴로 인해 고통 받는 사람들은, 내가 *깨진 자기(broken selves)*라고 부른 상태가 된다. 그렇게 되면 그들은 남은 생애동안 심각하게 축소된 방식으로 기능한다. 그들은 분열성, 분열정동형 우울증 또는 만성적 우울증으로 진단될 수 있는데, 그러나 사실 그들은 붕괴 이후에야 그런 신호들을 드러냈다. 나는 만성적인 성격적 장애의 모습을 보이는 많은 사람들이 실제로는 도움을 절박하게 필요로 하는 상태에서 이미 수개월을 보냈을 거라고 본다. 그때가 그들의 핵심적인 문제들이 드러났던 시기였지만, 그들은 아무런 효과적인 치료도 받지 못했다. 내 관점에서 이것은 커다란 비극이며, 대체로 인식되지 못한 채 그 시기가 지나갔다는 점에서 더욱 그러하다.

1980년대 말에, 나는 정신분석 시간을 연장하는 일에서 한 걸음 더 나아갔다. 환자의 필요성이라는 중력 덕택에, 나는 종일 지속되는 회기들을 제공했다. 비록 이 모험이 급진적으로 보일 수 있겠지만, 당시에 그 결정은 환자의 임박한 붕괴의 심각성을 고려할 때 자연스럽고 정확한 것으로 보였다.

처음에 나는 우리가 얼마나 오랫동안 이런 식으로 만나야 할지 알지 못했지만, 오전 9시부터 오후 6시까지 지속된 그 만남은 사흘 동안 계속된 것으로 드러났다.

몇 해 후에, 비슷한 상황이 발생했는데, 이번에는 주 1회의 심리치료를 받고 있는 환자였다. 다시금 나는 온종일 회기를 권했고, 다시 삼일 동안을 만났는데, 이것이 그 다음의 경우에도 반복되었다. 나는 당시에 한 사례를 제외하고는 일주일에 나흘을 일했기 때문에, 금, 토, 일 사흘 동안 이런 피분석자들을 만날 수 있었고, 그 다음 주부터는 일상적인 스케줄로 되돌아갈 수 있었다. 이런 모든 상황들에서 그들은 그들의 이전 회기 시간으로 되돌아갈 수 있었다.

환자의 긴급한 위기를 다루는 것 외에도, 삼일 간 지속된 회기들이 이후의 분석기간을 크게 줄여준 것으로 보였다는 사실은 놀라운 것이었다. 그러한 붕괴를 나와 함께 통과했던 환자들은 모두 이후에 12개월에서 15개월 동안 분석을 계속했는데, 그 이상을 할 필요는 없었다. 이 시기는 종결로 이끄는 훈습 기간으로 기능했고, 내가 아는 한, 이들 중에 그 누구도 추후에 분석이나 심리치료를 찾지 않았다.

처음부터 나는 이 붕괴들이 잠재적으로 생성적이라고 확신했다. 나는 정신분열증 환자들과 조울증 환자들과의 작업을 통해서 강제입원이 그들을 황폐하게 만든다는 것을 알았고, 또한 나의 피분석자들을 병원과 마음을 무감각하게 만드는 약물에게 빼앗기고 싶지 않았다. 나는 그들이 입원을 필요로 하는 시간이 바로 그들이 분석적 도움을 가장 필요로 하는 때라는 것을 깨달았다.

내가 전에 주 5회 분석을 받았던 여러 명의 비정신증적인 사람들과 붕괴의 초기 단계들에 있던 사람들과 작업했던 사실이—돌이켜 볼 때 지금 깨닫게 되는 바—중요했다. 그들에게 주말을 견딜 수 없는 것이 되었다. 금요일이 되면 피분석자는 철수했고, 다음 주의 하루나 이틀 동안 외상을 입은 상태에 머물렀다.(나는 이들을 '수요일 피분석자들'이라고 불렀는데, 그것은 그들이 그때가 되어서야 붕괴에서 회복되었기 때문이다.) 그런 상황들은 고통이 가라앉고 환자가 다른 어떤 상태로 변화하기에 앞서 수개월 동안 우세했다. 돌이켜 보건대, 나는 내가 그들에게 연장된 회기들을 제공하지 않아서 그들을 돕는 데 실패했다고 느낀다.

시간이 지나면서, 나의 경험은 그것 자체로서 매우 효과적인 정신분석적 과정이 심각한 곤경에 처한 사람들을 위해 회기 시간의 연장, 회기 수의 증가, 온종일 회기 등을 사용할 수 있도록 수정*되어야* 한다고 말하고 있었다. 나는 분석적 경험 자체가 변형의 수단이 될 수 있는 제3의 대상으로서 기능했다고 생각했다.

물론 다른 사람이 아닌 프로이트 자신이 어떤 피분석자들은 보통 요구되는 시간 안에 임상적인 필요들이 충족되지 않는 일부 환자들에게는 연장된 회기들이 필요하다고 주장했고, 영국 정신분석 안에는 정신적 장애가 있는 사람들을 깊이 퇴행하는 분석으로 이끄는 길고 복잡한 역사가 있다. 마이클 발린트에게 있어서 이것은 '근본적 결함'(basic fault)의 영역에 도달하는 것을 의미했고, 위니캇에게는 거짓 자기-방어들을 포기하는 것을 통해서 자기의 '핵'에 닿는 것을 의미했다.

영국의 그 어떤 분석가들보다도 위니캇은 연장된 회기들에 관해 실험했고, 그런 회기들 동안에 피분석자의 퇴행을 격려했는데, 당시에 이것은 잘 알려진 사실이었다. 아마도 이런 회기를 제안하는 위치에 있을 때 그는 그것에 관해 수개월 전에 피분석자와 의논했던 것으로 보이는데, 그런 의논은 환자로 하여금 붕괴의 시기를 연기할 수 있게 했을 것이다. 나는 나중에 내가 위니캇의 퇴행 사용에 찬성하지 않는 이유들을 밝힐 것이다. 그러나 나는 영국 사회 안에 25년 이상 존재해왔던 이 전통이 없었다면, 내가 했던 방식의 작업을 생각할 수 없었을 것이다.

게다가 선구자적인 작업이 R. D. 렝(Laing), 킹슬리 홀(Kingsely Hall)의 쿠퍼(Cooper)와 이스터슨(Easterson) 그리고 나중에 아르보(Arbours)의 조셉 버크(Joseph Berke)와 다른 사람들에 의해 행해졌다. 아르보 정신분석 협회와 필라델피아 정신분석 협회는 모두 심각한 환자들을 치료하는 데 필요한 집들을 30년 이상이나 운영해왔고, 지금도 계속하고 있다.

이 책을 꼭 써야만 한다는 생각은 두 개의 원천으로부터 왔다. 하나는 정신분석이 붕괴를 겪고 있는 환자들을 위해 선택할 수 있는 치료라는 나의 견해이다. 비록 정신분석이 주로 정신신경증환자들, 또는 높은 수준에서 기능하는 사람들에게 효과적이라는 것이 일반적으로 수용된 견해이기는 하지만, 사실 많은 정신분석가들은 정신증과 같은 심각한 정신적 장애를 갖고 있는 피분석자들과 작업하고 있고, 경험을 통해 한 사람의 질병의 핵심에 대한 해석적 작업이 심오한 변형을 가져다줄 수 있다는 사실을 알고 있다. 실제로 사람들은 가장 취약한 상태에 있을 때—특히 붕괴하는 순간에—보통 도움을 받는 것과 자기에 대한 통찰을 발달시키는 일에 특별히 호의적이 되는 경향이 있다.

이 책을 쓰는 두 번째 이유는 내가 여러 해에 걸쳐 이런 작업 방식을 정신분석가 집단에서 발표했을 때 내가 만난 반응들로부터 왔다. 공식적인 집단에서 발표한 경우, 그들의 거의 획일적인 반대 의사를 드러냈다. 가장 일반적인 입장은 그것이 틀을 깨뜨리고, 유혹적이며, 피분석자의 욕구를 충족시켜주는 것이라는 생각, 또는 그것이 분석되지 않은 채 유지되고 있는 전이와 역전이 안에서의 실연을 구성한다는 것이었다.

연장된 정신분석의 전문가적이고 윤리적인 타당성에 대한 우려들이 표현되었고, 동맹군 역할을 하는 분야들(정신의학, 심리학 등)이 그와 같은 집중적인 치료에 반대할 것이라는 의견들이 있었다. 또한 피분석자에게 즉각적으로 향정신성 약물을 투여하는 개입을 하지 않음으로써 그리고 병원에 입원시키지 않음으로써, 그의 고통을 연장시킬 것이라는 주장도 있었다. 연장된 분석을 받고 있는 사람들이 그 당시에는 상당한 정도로 고통을 겪는 것이 사실이지만, 일단 그 붕괴를 통과하고 나면 그들의 고통은 크게 줄어든다.

나는 나 자신의 실천으로부터 그리고 다른 많은 사례발표들을 통해서, 추가적인 회기들을 제공하지 않은 채 주 5회기 모델을 고수하는 분석가들이 자신들도 모르는 사이에 피분석자의 고통을 연장할 뿐만 아니라, 붕괴를 공고화한다는 것을 알고 있다. 이런 사례들의 경우, 붕괴는 발생했지만, 그것은 자기의 재생으로 인도하는 대신에 낭비된 기회가 되었다. 그럴 때 분석은, 종종 여러 해 동안, 아무런 변형적인 변화 없이 계속될 수 있었지만, 너무 자주 피분석자는 단지 또 하나의 깨진 자기가 될 수밖에 없었다.

공식적인 모임에서는 거의 만나지 못했지만, 임상적 토론을 위한 소집단에서 흔히 만나는 하나의 매우 다른 반응이 있었다: '도대체 뭐가 새로운 거죠?' '우리 모두가 그렇게 하지 않나요?' 실제로 분석가들은 그들이 환자들에게 추가적으로 제공했던, 유사한 종류처럼 보이는 작업에 대해 논의했다.

나는 분명히 이런 반응들이 나에게 좀 더 용기를 준다는 것을 발견했지만, 그러한 쉬운 동의가 문제를 좀 더 상세하게 검토하는 것을 배제하는 경향이 있다는 느낌을 갖게 되었다. 붕괴를 겪고 있는 사람에게 분석가가 추가 회기들을 제공한 대부분의 사례들에서, 그 회기들은 너무 많은 망설임과 함께, 너무 늦었거나, 너무 적은 것이 아닌가라는 혼합된 느낌들과 함께 제공되었다는 사실을 나는 이미 언급했다. 하지만 많은 정신분석가들과 정신분석적 심리치료사들이 위기의 순간에 추가적인 회기들을 제공해야 한다고 느낀다는 사실은, 집중적인 형태의 분석이 정당한 행동방식임을 인정하는 것임을 뜻하고, 어떤 점에서, 내가 여기에서 서술하고 있는 작업이 단순히 상식에 기초한 것임을 말해준다.

단순히 몇 번의 회기를 추가하는 것에서 하루에 2회, 일주일에 7회 그리고 특히 하루 종일 환자와 작업하는 것으로 이동하는 것은 이 문제와 관련해서 분명히 중요한 한 걸음을 내딛는 것이다. 그러므로 나는 나의 이론과 실천이 더 많은 설명을 요한다고 느꼈고, 따라서 동료들의 격려에 힘입어 내가 배웠다고 믿는 것을 공적인 영역에 제시하고 그럼으로써 그것이 사고의 대상이 될 수 있게 하기 위해서, 이 주제에 대해 내가 강연한 내용들을 책으로 출판해야겠다고 결정했다.

이따금씩 나는 붕괴를 겪고 있는 사람들에 대한 치료에서 미국인들과 영국인들이 보이는 태도가 상반된다는 점과, 이 두 문화 안에는 창조성의 정도에 커다란 차이가 있다는 점을 언급할 것이다. 비록 내가 전문적, 규정적, 법적인 제한들에 맞서 환자들과 작업하면서, 개척해나가는 미국인 정신분석가들을 개인적으로 많이 알고 있지만, 미국의 임상가들은 그들의 실천에서 영국과 유럽의 임상가들 보다 훨씬 더 많은 침범과 싸워야만 한다.

유럽에서 임상가들은 순수한 임상적 고려에 기초해서 판단을 내리는 것이 훨씬 더 자유롭고, 따라서 규정적 책임에 맞추기 위해 그들의 실천을 재단하도록 내몰리는 경우가 더 적다. 그러므로 그들은 환자들이 붕괴를 통과하도록 돕는 데 있어서 미국인 동료들보다 더 나은 위치에 있다. 슬프게도, 오늘날 영국에서 '증거에 기반' 한 지시들이 정신분석의 '매뉴얼화'로 인도하도록 위협하고 있지만, 그래도 적어도 지금까지는 유럽의 분석가들은 국가의 개입으로부터 상대적으로 자유로웠다.

이 점에서 이 책은 과거에 대한 증언이다. 그것이 미래에도 타당한 것이 될 수 있을지는 정신분석과 심리치료가 국가로 하여금 치료적 실천에 관련된 사항을 지시하지 않도록 성공적으로 설득하는가에 달려있다.

붕괴를 겪는 사람들의 치료에 대해 더 열려 있는 유럽인의 태도에도 불구하고, 나는 지금까지 연장된 회기들을 활용한 나의 작업에 관해 글을 쓰지 않았다. 내가 말했듯이, 처음에 내가 이 접근을 실험했을 때, 나는 이것이 내가 분석가로서 일하는 동안에 다시는 발생하지 않을 일회성 경험일 거라고 생각했다. 나의 실천 안에 하나의 다른 임상적 차원이 들어왔고, 내가 그것을 고려해야만 한다는 것을 깨달은 것은 오직 시간이 지나고 나서였다.

처음에 나는 연장된 분석에 대해 전혀 자신이 없었다. 이런 형태의 분석은 실제로 전례가 없었고, 이 작업이 정말로 변형적인 것으로 판명될지, 아니면 그저 단순히 '전이 치료'의 한 형태인지에 대해 나는 의심하고 있었다.

또한 나는 런던에서, 동료들 사이에서 환자들을 특별히 이런 유형의 작업을 위해 의뢰하기에 적합한, 일종의 '퇴행분석가'로 알려지고 싶지 않았다. 내가 앞으로 논의할 것이지만, 붕괴가 마치 바람직한 사건인 것처럼 *의식적*으로 추구하는 사람들은, 내가 보기에, 이 연장된 작업에서 유익을 얻을 수 있는 가능성이 가장 낮다. 게다가 나는 내 환자들이 내가 이런 식으로 작업했다는 것을 알게 하고 싶지 않았다. 왜냐하면 그럴 경우, 일부 환자들에게 있어서 그것은 너무 특별하고, 너무 유혹적인 것으로 보였을 것이기 때문이다. 이런 상황들에서, 그것은 의심의 여지없이, 전이적 혼동들을 촉발시켰을 것이고, 그들의 분석을 방해했을 것이다.

오랫동안 나는 나의 동료들 중 누구와도 이 작업에 관해 논의하지 않았다. 처음에, 나는 그럴 필요를 느끼지 않았다: 그것들은 고립된 사건인 것처럼 보였고, 나는 단지 나 자신을 그들에게 맞추어 적응시켰다. 나중에, 내가 다른 작업 방식이 출현했다는 것을 깨닫게 되었을 때, 나는 논쟁거리로 취급될 거라는 생각 때문에, 내가 알고 있던 것을 사람들에게 발표하기를 꺼렸다. 나는 그 임상적 과제가 매우 흥미롭고 도전적이라는 것을 발견했고, 어째서인지 내가 함께 일하고 있는 팀원들에게만 속한 매우 사적인 것이라고 느꼈다. 의사들, 정신과 의사들, 사회복지사들 및 다른 사람들에게는, 우리가 분석의 연장에 참여하고 있고, 그것에 대해 성찰하는 작업이 우리들 사이에서 최상으로 행해지고 있다는 사실이 분명했다.

　마음속에 있는 이 모든 의구심들 때문에, 나는 1990년대 말이 되어서야 이 작업을 동료집단에게 발표를 시도할 수 있을 정도로 이 영역에 대한 충분한 경험을 수집했다고 느꼈다. 나는 컬럼비아 대학에서 고(故) 헬렌 마이어스가 개최한 정신분석가 후보자를 위한 세미나에서 처음으로 그것에 관해 발표했다. 그것에 대한 반응은 존경스러운 놀라움, 얼마의 충격, 진정한 흥미 등이었다. 그러했음에도 내가 그것을 다시 발표하기까지는 10년이 더 걸렸다; 시카고에서 있었던 정신분석 워크숍, 스웨덴의 애릴드(Arild)에서 있었던 연례 학술대회, 끝으로 로스앤젤레스의 정신분석 뉴 센터(New Center for Psychoanalysis)에서 있었던 프란츠 알렉산더(Franz Alexander) 강좌 등이 그것이었다.

　이 책은 이 실천과 관련된 얼마의 임상적 차원들에 대한 보고인 동시에, 이론적 고려사항들에 대한 논의이다. 그것은 이 임상적 현실들에 대해 내가 발달시킨 적응의 과정을 추적하고 있는데, 나는 그러한 추적이 그것들 통해 독자가 발달하는 기법의 논리를 보게 되고, 실천과 추후 연구를 위한 그것의 함축들을 이해할 수 있는 방식으로 이루어질 수 있기를 희망한다. 나는 내가 저지른 판단의 실수들과 그런 실수들을 통해서 내가 배운 것을 보여주려고 노력했다. 얼마나 많은 다른 분석가들이 이와 비슷한 경로를 걸어갔는지 나는 알 길이 없지만, 아마도 이 책은 위기의 시기에 연장된 분석을 사용해서 작업했던 사람들을 위한 만남의 장소로서 봉사할 수 있을 것이다.

　나는 이런 발표들에 대해 코멘트해주고, 다양하게 명백하거나 미묘한 방식으로 이 책을 쓰도록 격려해준 모든 사람들에게 감사드린다. 나는 이 책에 담긴 글이 독자의 마음속에서 문제들을 야기할 거라는 것을 잘 알고 있다. 사샤 볼라스(Sacha Bollas)는 지난 수년 동안 보다 빈번하게 제기되었던 질문들을 수집했는데, 그것은 이 책의 마지막 장에서 인터뷰 형식으로 제시되고 있다.

나는 여러 해 동안 오스틴 릭스(Austen Riggs)의 메디컬 디렉터로 활동했고 그곳의 명예 디렉터였던 고(故) 오토 윌 주니어(Otto Will Jr)에게 특별한 빚을 졌다. 1980년대 중반에 내가 그곳의 교육 디렉터로 일하고 있을 때, 그는 한 번에 몇 주간씩 방문했고, 나는 그의 정신증 환자들 중에서 붕괴하는 환자가 있을 때마다 자신에게 알려줄 것을 항상 요청한다는 말을 들었었다. 그는 환자가 머무는 '여인숙'(Inn)으로 걸어 들어가 많은 시간 동안 환자와 마주앉아 있곤 했다. 그는 약물치료에 기대고 싶어 하지 않았고, 환자를 안전한 병동으로 옮기고 싶어 하지 않았다; 그들은 함께 위기를 극복하고 싶어 했다. 우리는 여러 번 만났는데, 런던에서의 나의 작업을 그와 함께 논의했다. 그는 즉각적으로 내가 직면하고 있는 임상적인 도전들을 이해했고, 매우 지지적이었다. 하지만 그는 나에게 내가 동료들이 나의 일탈을 승인하는 것은 말할 것도 없이, 이해해줄 것을 기대하지 말아야 한다고 경고했다. 그럼에도 불구하고, 그리고 이 책의 출판 결과가 어떤 것이든, 나는 나의 탐구에 대해 경청해주고 지원해준 그에게 무척 감사하게 생각한다.

또한 두 명의 나의 정신분석적 동료들에게도 고마움을 전한다: 본문을 주의 깊게 읽어준 닥터 아르네 얌스테드(Arne Jemstedt)와, 꼼꼼하게 편집 작업을 해준 사라 네틀턴(Sarah Nettleton)이 그들이다. 그러나 이 책에서 표현된 견해들은 전적으로 나 자신의 것임이 분명하다.

제 1 장
깨진 자기

    정신과의사들, 정신분석가들, 심리학자들 그리고 정신건강 분야에서 활동하는 이들은 수십 년에 걸쳐 사람들을 장애의 유형에 따라 규정하는 전문용어를 발달시켜왔다. 정신건강 분야의 모든 전문직들이 하나의 매뉴얼—DSM Ⅳ 또는 Ⅴ—을 채용하라는 압력이 있음에도 불구하고, 정신분석은 그 자체의 고전적인 진단명들을 갖고 있다: 히스테리, 강박증, 분열성, 우울증 등등.
    그러한 진단의 근저에 있는 가정은 사람이 근본적으로 특정한 성격 유형에 따라 정의될 수 있다는 것이다; 그들은 항상 이런 식이었고, 그들의 심리발달적 운명은 타고난 정신 구조와 초기 삶 동안에 발달시켜온 원칙들(axioms)의 조합에 의해 결정된다는 것. 많은 사람들의 경우, 이것은 사실이다. 그러나 분석가들은 흔히 일단 그 환자를 알게 되면 히스테리라든지 또는 분열증적 장애와 같은 진단명들이 제한된 가치를 갖는다는 것을 알게 된다. 분석이 진행되면서, 분석적 과정에 내재된 치료적인 효과를 통해서 단일한 장애는 복잡한 심리역동적인 그림이 된다. 성격장애는 마치 분석이 되고 나면 되살아나는 얼어붙은 퍼즐조각들과 같다고 주장한 사람은 빌헬름 라이히(Wilhelm Reich)였다. 개인이 구축한 성격 갑옷은 집중적인 정신분석적 해석을 통해 용해된다.

다른 말로, 만약 한 사람이 오랜 시간 동안 점차적으로 그의 성격을 형성했다면, 분석을 통해서 그의 방어들과 성격적인 자리들은 분석되고 변형될 수 있다. 그것은 기적이 아니다. 그것은 다양한 정도의 성공들 또는 실패들로 귀결될 수 있는, 길고, 힘든 작업이다.

최근에 와서야, 나는 나의 실천에서 상당히 명백한 어떤 것을 놓쳐왔다는 것을 깨달았다. 때때로 내가 가령 분열증 환자거나 우울증 환자와 같은 새 환자를 만날 때, 내가 실제로 보는 것은 그 사람에게 발생했던 것으로 보이는 것이다; 그들의 자기가 깨졌다. '깨진 자기'라는 용어에서 나는 특정한 진단명을 말하고 있지 않고, 새로운 병리의 범주를 제안하고 있지도 않다. 그 용어는 우리가 '정상적'이라고 부르는 사람들을 포함해서 광범위한 범위의 사람들에게 적용하려는 의도에서 선택된 것이다. 그들 사이의 유일한 공통분모는 그들이 흔히 성인기 초기에 붕괴를 겪은 적이 있고, 그 시기에 적절한 치료적 돌봄을 받지 못했던 사람들이라는 것이다. 그들이 어떤 아동기를 살아왔든, 그들 자아나 정신적 구조들에 내재된 약함들이 무엇이든 상관없이, 그들의 존재에 두드러진 상흔을 남긴 것은 성인기의 삶에서 발생했던 이 붕괴이다.

나는 세계의 여러 지역들에서 많은 사례들을 슈퍼비전하면서, 이런 사람들이 전통적인 성격적 장애들과 어떤 점들에서 다른지를 발견했다. 이전에 붕괴를 겪었던 사람들—분열성, 우울증, 히스테리, 또는 강박적 패턴 때문에 붕괴의 소인을 갖고 있었을 수 있는—은 임상가들에게 일반 환자들보다 훨씬 더 큰 도전을 제기한다.

시간이 지나면서, 나에게는, 어떤 환자들은, 즉 전형적으로 삼십 대나 사십 대에 치료를 찾아온 환자들은 분석적 치료에(또는 그 어떤 치료에도) 반응할 수 없는 것처럼 보였다. 왜냐하면 그들은 단순히 생을 포기했기 때문이었다. 그들에게는, 로젠펠드가 그토록 빈틈없이 서술했던 자기 안에 조직화된 마피아 갱들을 갖고 있지 않았다; 그들에게는 그러한 강렬함이 없었다[1] 치료사들은 그런 사람들과의 수년간의 작업에서, 이따금 감사의 표현들을 제외하고는, 그 어떤 결과도 얻지 못했다고 서술하곤 한다. 그런 환자들은 대부분 그들의 능력보다 훨씬 낮은 수준에서 기능하고 있었고, 흔히 간헐적으로 직장이 없거나, 그들의 교육 수준에 비해 훨씬 낮은 지위에서 일하고 있었다. 분석가나 치료사는 대개 슈퍼바이저에게 그런 사례들을 제시했는데, 왜냐하면 그것은 그들의 역전이 안에서 절망의 문제였기 때문이었다. 그들은 아무런 효과도 발생하지 않는 것을 보았고 작업을 계속하는 것이 무슨 의미가 있는 것인지 의문을 가졌다.

차츰 나는 이런 사람들에게서 하나의 패턴이 발견된다는 것을 알게 되었다: 그들 중 아주 많은 사람들이 전에 비정신증적인 붕괴를 겪었다는 사실.

이 붕괴들 중 일부는 외적인 외상으로 인해 촉발될 수 있다. 그것은 대학교 시절에 발생했었을 수도 있다. 다만 그것은 그 환경 안의 삶에서 오는 동요된 상황들의 뒤섞임 속에서 주목받지 못했을 수 있다. 혹은 대학을 졸업한 후에 직장에 들어갈 것을 기대했음에도 불구하고 번번이 거절당했을 수 있고, 그럼에도 불구하고 삶에서 계속 전진하기 위해 분투한 후에 마침내 무너졌을 수 있다. 혹은 아마도 학생시절에 유지했던 관계들이 갑자기 끝장나고 버림받고 빼앗긴 상태로 남겨진 채, 그 상실로부터 회복할 수 없었을 수 있다. 혹은 부모, 형제자매, 또는 친한 친구

---

[1] Rosenfeld, Herbert, 1987, Impasse and Interpretation, London: Routledge.

의 죽음이 파국적인 비탄으로 이끌었을 수 있다.

흔히 촉발적인 사건은 더 미묘하고 무해한 것처럼 보일 수 있다—신용카드가 정지되거나, 주차딱지를 받거나, 낯선 사람에게서 불친절한 한 마디를 듣는 것 등. 오직 그 사건의 *무의식적* 의미에 대한 분석을 통해서만, 사람들은 그것의 유독성을 이해할 수 있다.

위기를 야기한 원인이 무엇이든 간에, 그를 돌보는 사람들은 붕괴가 일어나는 동안 그 사람의 필요들을 적절히 충족시켜주지 못한다. 만일 그 사람이 치료 중이라면, 그들은 아마도 회기를 늘려줄 수 없거나, 불안해진 치료사가 그들에게 약물을 처방받거나, 불안 관리 프로그램이나 집단 치료를 받게 하기 위해 의뢰할 수도 있을 것이다. 너무 자주 이것은 환자의 위기가 깊어지면서, 입원 기간으로 이어진다.

이 지점에서 붕괴는 구조화된다. 인격은 심각하게 축소된 상황 하에서 기능하고 생존하기 위해, 자기를 새롭게 배열하면서, 붕괴의 효과들을 중심으로 스스로를 재형성한다. 이것은 변변치 못한 미래의 존재를 예고한다.

이러한 정신적 삶의 재구조화는 그 사람이 살아온 삶의 원칙이 변경되었음을 의미한다. 이런 종류의 정신적 붕괴와 함께 거기에는 충분히 좋은 아동기 동안에 스며들었던 핵심적인 가정들 중의 하나가 깨지는 일이 발생한다; 우리가 곤경에 처할 때 도움을 주게 될 가정. 다양한 새로운 가정들이 그 자리를 차지한다:

다른 어떤 것에서 도움을 구하지 않는 것이 최선이다.
만약 내가 취약하다면, 나는 감정들을 죽여야만 한다.
오직 후퇴한 자리만이 안전할 수 있다.
나는 대상 세계에 대한 관심을 끊어야 하고 현실과의

관계를 포기해야만 한다.
나는 야망, 계획, 희망, 욕망을 포기할 것이다.
나는 나와 비슷한 상황에 있는 사람들을 발견해야만 하고
새로운 깨진 자기의 동료 사회 안에서 살아야만 한다.

깨진 사람들은 특징적으로 그들의 삶에 무관심하다. 그들은 수동적이고 그들의 상황에서 물러나있다. 그들이 그들의 대상세계로부터 리비도를 철수시켰다는 점에서 사람들은 그들이 죽음 본능 편에 섰다고 생각할는지도 모르지만, 그들은 죽음 본능의 지옥 안에서 살고 있는 인물들에게서 흔히 볼 수 있는 증오, 시기심, 비하, 또는 냉소주의의 힘을 결여하고 있다. 그들의 무관심은 비현실적인 계획들—소설 쓰기, 기업가가 되기—을 수반할 수 있지만, 그들이 꿈꾸는 영역에서 성취를 하는 데 필요한 행동은 취하지 않는다. 대신에, 그런 계획들은 깨진 자기의 투사물로서 기능한다: 성공의 불가능성을 예시하는 깨진 꿈들.

깨진 사람들의 정동은 크게 줄어든다. 그들은 거의 정서를 드러내지 않고, 삶에서의 사건들에 의해 분노, 불안, 또한 행복한 느낌으로 내몰리지 않는다. 대신에, 그들은 정동적 변화들로부터 물러선 상태를 꾸준히 유지한다; 노력할 만한 가치가 있는 것은 아무것도 없다.

그들은 그들이 보기에 삶에서 어떤 부정적인 변형적 사건으로 인해 힘든 시기를 보내고 있는 유명 인사들과 자신들을 동일시할 수 있다. 그런 관심은, 정치, 문화적 사건들이나 환경적 이슈들, 식이요법, 신체상태의 유지나 자기의 건강과 관련된 그 어떤 것에도 무관심한 그들의 정신적 태도 안에서 유일하게 두드러진 모습으로 드러난다는 점에서 의미가 있다. 추락한 유명 인사는 그들 자신의 파국에 대한 반영물로 보인다.

하지만 그들은 숨겨진 이상적 자기를 갖고 있다. 그 이상적 자기는 비현실적인 성공의 꿈들 속에서 살지만, 그것은 또한, 마치 그가 붕괴 이전에 존재했던 자기의 측면들을 붙들고 있으려고 노력하기라도 하듯이, 방어기제로서의 상상속의 동반자로서 기능한다. 위니캇은 이것을 거짓자기가 참자기의 잔여물을 보호하고 있는 상황이라고 말할 것이다. 나는 이 숨은 자기를 유령이라고 생각한다; 사람들이 그렇게 될 수 있었다고 생각했던 것에 대한 슬픈 표상. 깨진 사람과 작업하고 있는 심리치료사들과 분석가들은 비현실적이고 과대망상적인 기대들을 지닌 이상적 자기와의 대상관계에 의해 짜증을 느낄 수 있다. 성취를 향한 간헐적 충동들—소설 쓰기에 관한 책을 구입하거나, 사업 아이디어를 찾기 위한 인터넷 검색 등—은 결코 오래가지 않는다. 그리고 그런 꿈들은 열의를 수반하지 않는데, 마치 그것들이 쉽게 실현될 수 있는 것처럼 언급된다는 점을 주목하는 것이 중요하다.

치료사가 해석을 할 때, 거기에는 다양한 전형적인 반응들이 있다. 종종 환자는 응답하지 않고, 한동안 침묵을 지키다가, 마치 아무 말도 듣지 않은 것처럼 이야기를 계속한다. 만약 그것에 대해 물어보면, 그들은 내적 성찰의 증거를 거의 보이지 않는, '모르겠어요' 또는 '아마도요'라고 반응한다. 대신에, 그들은 그들에게 너무 많은 것을 요구한다는 직장의 누군가에 대해서 집요하게 반복해서 말하거나, 휴가에 대한 계획을 설명하면서 어디를 갈지 확신이 없다. 그들은 낮은 수준의 정신적 고통, 즉 조용하고 우울한 절망을 내뿜지만, 그것이 무엇을 의미할 수 있는지에 대해서는 아무런 관심을 보이지 않는다. 그것은 순전히 비워내는 기능을 한다.

비록 그들은 여러 가지 점에서 치료사와 거리를 두고 있지만, 그들은 '치료' 또는 '분석'에 매달린다. 나는 이것을 그들이 갖고 있는 또 다른 붕괴를 겪는 것에 대한 두려움으로 이해하게 되었고, 따라서 그것이 미래의 외상에 대한 보험 전략으로서 치료사와 연결될 필요성을 나타낸다는 사실을 깨달았다. 이런 환자들은 임상가와 중립적인 전이를 형성하는데, 그것은 그들의 부정적인 재구조화를 표현하는 것이고, 분석가는 제자리걸음을 하면서 아무데도 가지 못하고 있다고 느낀다.

내가 이런 사람들에 관해 함께 의논했던 거의 모든 임상가들은 그것이 인간이 아닌 타자(non-human other)에 대한 애착의 한 형태라고 주장하면서, 그런 애착들은 '자폐적인 고립' 혹은 '아스퍼거적 철수' 혹은 '심리적 철수'와 같은 용어들로 불러야 한다고 말한다. 나는 '경미한 아스퍼거 증상' 진단이 점점 더 많아지는 것이 오직 자기의 정신적 구조를 바꾼 붕괴 이후에 그런 특징들을 획득한 사람들을 포함할 수 있을 거라고 추측한다.

붕괴가 깨진 자기로 귀결되는 흔한 이유는 향정신성 약물의 사용이다. 비록 그런 약물의 사용이 긴급한 상황에 처한 사람의 고통을 덜어주는 도움을 줄 수는 있지만, 그러한 약물의 섭취는 의미를 없앤다. 붕괴의 무의식적인 이유에 대한 발견, 인간적이고 치료적인 상황 안에서 붕괴를 이해하고 그것을 견디는 기회들이 거절된다. 환자들은 반복되는 약물처방을 받기 위해 의사를 방문할 수 있고, 몇 주에 한 번씩 정신과의사를 잠깐 동안 만날 수 있지만, 이 모든 것은 구조화된 붕괴를 봉합하고, 뜻하지 않게 그것의 영구성을 보장해준다.

많은 '연쇄 환자들'—계속해서 다른 치료의 형태를 찾는 사람들—은 평생에 걸쳐 붕괴의 상흔들을 지닌다. 그들은 우울, 관계에서 어려움, 동기부족, 문화적 대상 사용에서의 일반적인 관심 결여 등의 문제를 가진 사람으로 보일 수 있다. 그들은 치료사들에게 자신을 제시할 때 흔히 도움을 받기에는 너무 늦었다는 깊은 확신을 갖고 있거나, 당장 치료 작업을 시작하라는 비현실적인 요구를 하고, 뒤이은 실망들로 인해 치료를 포기하거나, 한 치료사에게서 다른 치료사에게로 옮겨가는 경향이 있다. 이 후자의 경우, 붕괴의 상흔들은 버림받은 임상가들에게 투사되고, 그 결과, 임상가들은 타자에 의해 버려지는 강렬한 경험을 하게 되고, 자기 안에 상처를 간직한 채 살아가도록 남겨진다.

얼마나 많은 사람들이 깨진 자기의 범주에 속하는지를 내가 깨달았을 때, 나는 나 자신의 실천에서 이런 일이 내게 발생했었는지 그리고 언제 그런 일이 있었는지 궁금해졌다. 몇몇 사람들이 마음속에 떠올랐다.

팀은 여자 친구와 헤어진 후에 내가 일하고 있던 클리닉에 찾아왔다. 그는 우울했고, 깊은 곤경에 처해 있었으며, 여러 주의 병가를 보내고 있었다. 그럼에도 그는 자신의 느낌들과 실존적인 위기를 나에게 맡기는 매우 협력적인 환자였고, 우리는 그가 붕괴로부터 새롭게 출현할 것이라고 믿을 이유를 갖고 있었다. 나는 그의 회기들을 늘일 수 있는 기회가 있었지만, 그렇게 하지 않았다. 사실 나는 우리가 만나서 작업을 시작한 지 일 년 후쯤에 그 클리닉을 떠났다. 나는 나중에 동료들로부터 그가 내가 떠난 후에도 몇 달 정도 계속 치료를 받다가 그만두었다는 말을 전해 들었다.

그리고 7년 후에, 나는 갑자기 전화를 받았다. 팀이 나를 방문하고 싶어 했다. 그는 치료를 재개하고 싶어 하지 않았다; 단순히 나를 만나고 싶어 했다. 내가 만난 그 사람은 깨진 인간이었다. 비록 그가 직업을 갖고 있고, 한 여성과 지속적인 관계를 유지하고 있었지만, 내가 여러 해 전에 그에게서 보았던 생명의 신호들은 모두 사라지고 없었다.

나는 또한 삼십 대 초반에 주 5회 분석을 위해 나를 찾았던 라일라를 생각한다. 그녀가 다른 나라로 이주하기 전까지, 나는 그녀를 4년 동안 만났다. 내 기억 속에는 그녀의 분석 두 번째 해의 몇 개월이 새겨져 있다. 보통 명료하게 말하고 성찰적인 여성이었던 그녀가, 당시에 이상하게도 불안정하고, 자신의 내적 경험들을 말로 표현하지 못했다. 나는 그녀가 어려움에 처했다는 것을 알았지만, 여전히 우리의 주 5회 분석 패턴을 고집했다. 지금 나는 당시에 그녀에게 붕괴가 발생하고 있었고, 내가 추가 회기들을 제공했더라면, 그녀는 붕괴를 극복해낼 수 있었을지도 모르고, 그녀의 삶은 변화했을 수도 있었다는 사실을 의심하지 않는다. 그때는 단순히 그런 생각이 내게 떠오르지 않았다.

하지만 1980년대 초에, 나는 붕괴 직전에 놓인 사람들과의 작업에서, 나의 작업 방식을 바꾸기로 결심했다. 나는 이것을 의식적으로 팀과 라일라 혹은 이전의 다른 환자들과의 작업과 연결시키지는 않았지만, 무의식적으로는 내가 그들을 돕는 데 실패했고, 다른 어떤 것이 필요하다는 것을 알고 있었음이 분명하다.

제2장
붕괴의 신호들

    정신분석 작업은 분석가가 피분석자에게 말하는 것만큼이나 그가 피분석자를 어떻게 *수용하는가*와 관련되어 있다.
    분석가가 일 년 또는 그 이상을 환자와 작업했다면, 그들은 서로의 성격 형태를 내재화하기 시작했을 것이다. 이것을 정의하기는 어렵지만, 특정 작곡가의 음악을 얼마 동안 들은 후에 우리 자신 안에서 그의 음악적 인격의 형태가 느껴지는 방식을 생각해보라. 우리의 무의식은 *패턴*들을 수용하고, 조직하고, 인지한다. 그리고 이 패턴들은 어떤 내용을 그 안에 담을 수 있는 형태를 구성하는데, 그 내용은 특정한 하모니나 멜로디로 이루어진 고유한 패턴에서 표현된 음악적 아이디어일 수도 있고, 이미지들의 연쇄를 결정짓는 특징적인 구문론의 리듬 안에서 형태를 취하는 시인의 아이디어일 수도 있다.
    정신분석가들은 '각인이 가능한 사람'(impressionable)이 되도록 훈련을 받는다; 이 용어는 프로이트가 분석가가 피분석자를 마음속에 기록하는(registers) 방식을 서술하기 위해 여러 번 사용한 것이다. 그들은 피분석자의 존재하고 관계하는 개인적인 방식이 그들에게 영향을 미치도록 허용한다. 그들은 가능한 한 그것에 개방할 필요가 있으며, 설령 그 패턴들을 일찍부터 알아채기 시작할 수 있더라도, 한 사람의 성격의 형태에 계속해서 개방적이기 위해서 이른 판단들을 일시 중지해야만 한다.

이런 방식으로 성격 소통에 열려 있음으로 해서, 분석가의 무의식이 환자의 무의식과 소통할 때, 환자는 더 많이 표현할 것이고, 종종 분석가를 더 힘들게 만들 것이지만, 존재하고 관계 맺는 개인적인 방식들을 표현하는 데 있어서는 확실히 더 구체적이 될 것이다. 그리고 시간이 지나면서, 정신분석가는 환자의 상태를 자신 안에서 느끼기 시작할 것이다. 우리가 모차르트의 음악을 듣고 있지 않을 때에도, 우리의 의식 안에서 모차르트에 대한 느낌을 마음속에 떠올릴 수 있듯이, 우리는 환자의 영향에 의해 생겨난 많은 인상들의 느낌을 안다.

하지만 여기에서 말하는 수용성은 지금-여기에서의 전이를 끊임없이 해석하는 것을 필수로 여기는 분석가들의 특징도 아니고, 피분석자의 말에 개인적인 반응을 제공하면서 피분석자와의 대화로 들어가는 분석가들의 특징도 아니다. 이 두 접근들 모두는 신고전적(neoclassical) 원리들에 기초한 분석과는 다른 유형의 것이다. 나는 이 책의 내용을 이해하고, 제시된 아이디어들을 사용할 것을 숙고한다는 것은 위의 두 접근들 중 어느 하나로 작업하는 임상가들에게 심각한 문제가 될 것임을 강조하고 싶다.

이것은 그런 전통 안에서 작업하는 분석가들이 붕괴 환자들과의 작업을 위한 전략들을 갖지 않는다는 말이 아니지만, 프로이트의 전통을 따르고 있는 나의 작업은, 분석가는 피분석자의 자유연상들과 성격의 움직임들이 스스로를 명료화할 수 있는 충분한 자유를 보장하기 위해서 오랜 기간 동안 조용히 물러나있어야 한다는 핵심적 가정 위에서 작용한다. 만일 정신분석가들이 적극적으로 개입한다면, 이 연상들은 그것들의 의미의 패턴들을 구축하지 않을 것이고, 그 사람의 성격은 선택된 초점 대상으로서 분석가가 세우는 전이 구성물에 의해 흡수될 것이다.

신프로이트 학파의 고전주의 맥락 안에서, 정신분석가는 소극적 능력에 참여한다; 그는 피분석자의 존재의 고유성을 더 많이 확립하는 것을 촉진하기 위해서, 그 자신의 견해들과 직접적인 반응들을 유보한다. 이런 상호형태적(interformal) 맥락 안에서, 만약 피분석자가 무의식적으로 자신의 존재의 고유성과 미묘하게 다른 것을 도입한다면, 그것은 분석가에 의해 포착될 것이다.[1] 처음에는 이 포착이 잠재의식적으로 이루어질 것이지만, 일정 기간 반복되면서 그 차이는 하나의 패턴으로 드러날 것이고, 그것은 마치 모차르트 소나타의 중간부분에 브람스 음악의 한 토막이 등장한 것처럼, 분석가 안에서 특정한 신호 불안을 야기할 것이다.

이제 정신분석가가 만날 수 있는 붕괴의 형태들에 대해 생각해보자. 약간 과도하게 단순화하자면, 붕괴에는 근본적으로 두 가지 다른 유형이 있다: 하나는 피분석자가 경고 신호들—붕괴에 대한 암시들—을 보여주는 유형이고; 다른 하나는 조짐들을 보여주지 않는 급성 유형이다.

첫 번째 유형을 예로 들어보자. 분석 초기부터 환자가 취약하고, 분석가가 붕괴가 일어날 가능성을 잘 알고 있다고 가정해보라. 분석적 과정 그 자체, 특히 전이 경험이 갖는 생생한 느낌을 불러일으키는 특성은 자기의 일상적인 방어들을 완화시킬 것이다. 거기에는 옛 자기가 스스로를 붕괴하도록 허용하는 중간시기가 있을 수 있는데, 그 시기는 며칠이나 몇 주 정도 지속될 수 있다. 처음에, 그 사람은 마치 무언가가 있는데 그것이 무엇인지 확인할 수 없는 것처럼, 당혹스러워 보인다. 거기에는 또한 그가

---

[1] Bollas, Christopher, 2011, Character and interformality. In: Bollas, Christopher, *The Christopher Bollas Reader*, London: Routledge, pp. 238-248.

현실감이 없는 상태에서, 혹은 심리적으로 먼 거리에서 자기를 관찰하면서, 어느 정도 자기 바깥에서 살고 있는, 일시적인 해리 단계가 있을 수 있다. 단순한 과제들—답장을 하기, 차에 기름을 넣기, 세탁하기 등—이 점점 더 불가능하다고 느껴지면서, 무력감이 커진다.

가장 일반적인 붕괴의 초기 신호들은 일상적인 말하기 패턴이 느려지는 것이다. 대부분의 피분석자들이 때때로 말하기를 주저하거나 침묵하고, 또는 그들이 말하고 있는 것에 대한 의구심을 전달하지만, 붕괴를 특징짓는 말의 패턴은 또 다른 종류의 주저이다. 이러한 종류의 주저에서 말이 중단되는 것은 이상한 생각의 침범, 또는 강렬하지만 분명하지 않은 느낌들의 출현, 자아의 약화, 또는 사후 사건(*après coup*; 지연된 행동)의 처음 파장의 결과일 수 있다. 그것은 그 사람이 말하기를 원치 않는 특정한 아이디어, 또는 두려운 정신 영역이나 힘들게 하는 전이적인 느낌들을 직면하는 경험에 의해 야기된 정신역동적 갈등의 결과도 아닌 것으로 보인다. 그것은 환자에게 강요된 것처럼 보이는 주저이다. 무언가가 잘못되고 있다.

'모르겠어요' 혹은 '좀 이상하다고 느낄 뿐이에요'가 분석적 질문에 대한 전형적인 반응이지만, 붕괴 직전에 있는 환자의 경우, 이것은 명백하게 다른 방식으로 표현된다. 목소리의 억양과 무드의 변화 외에도, 피분석자는 또한 다른 방식으로 움직일 수 있다. 그들이 카우치로 걸어가고, 그 위에 눕고, 방을 가로질러 걸어가는 방식에서 주저하는 모습을 보인다. 그들은 뭔가에 몰두해 있고, 아무 생각이 없으며, 그들의 몸 안에 완전히 거주하지 않는 것처럼 보인다. 그들은 탁자에 부딪치거나 걸려 넘어질 수 있다; 대기실에서 앉아있기보다 길을 잃은 사람 같은 표정으로 서있을 수 있다.

사실, 출현하는 붕괴의 가장 흔한 신호는, 자기가 특별히 긴 기간 동안의 침묵을 수반한 채, 허공을 응시하면서 '멍한' 상태에 빠져있는 것이다. 이것은 특별히 청소년기의 붕괴에서 볼 수 있다. 그런 일이 발생할 때, 특히 그것이 또래들과의 관계에서 자기가 명백한 타격을 입은 후에 발생한 것일 때, 그것은 임박한 해체에 대한 가장 의미 있는 신호들 중의 하나로서 매우 심각하게 취급되어야만 한다.

가장 중요한 것은 정신분석가가 환자의 고유한 존재 안에서 발생한 변화를 감지하는 것이다. 분석가가 자신의 무의식 안에서 환자의 형태가 지금 변하고 있다는 것을 감지하는 것은, 종종 그러한 지표들이 관찰될 수 있기도 전에, 피분석자가 처한 곤경이 어떤 것인지를 일깨워준다.

이와 같은 순간들에서는 분석가의 반응이 결정적으로 중요하다. 무언가가 다르다는 것을 알아차리면서, 분석가는 불편함과 불안을 느낄 것이다. 이런 신호 불안은 중요하다; 그것은 분석가로 하여금 환자가 심각한 붕괴를 시작하기 전에 환자와 접촉하는 데 필요한 행동들을 취하도록 촉구할 것이다. 분석가는 이미, 존재하고 관계하는 환자의 새로운 패턴들에 무의식적으로 적응하고 있을 것이다. 설령 이것들이 아직 말로 표현될 수 없다고 해도, 그는 궁극적으로 코멘트와 잠재적으로 생명을 살리는 해석들을 위해 사용될 수 있게 될 어떤 것들을 배우고 있다. 피분석자가 보내는 신호들이 어떤 것이든 간에, 분석가는 피분석자가 무기력해지기 전에 부가적인 정신분석적 도움을 제공하는 것이 필수적이다.

붕괴의 두 번째 유형은 뚜렷한 중간 시기를 거치지 않고 아주 갑자기 발생한다. 이것은 매우 취약하면서도 경직되고 방어되어 있는 환자들에게서 가장 자주 일어난다.

이런 상황에서, 분석가는 피분석자의 정신적 파국을 촉발시켰던 과거 사건에 대한 내용을 상세하게 알아내는 것이 중요하다. 그런 사건은 항상 존재할 것이지만, 그것을 서술하고 싶어 하는 환자를 나는 결코 본적이 없다. 그러므로 분석가는 '아무 일도 없어요'라는 말을 수없이 들을 준비가 되어 있어야 한다.

여기에서 우리는 일반적인 분석적 기법으로부터 벗어나는 첫 번째로 중요한 경우를 만난다. 거의 질문을 하지 않던 분석가는 이제 꼬치꼬치 묻는 사람이 되어야 한다. 이 사실은 그것 자체로서 분석가라는 존재를, 다르고, 심지어 이전에 볼 수 없었던, 그리고 매우 효율적인 치료적 능력을 지닌 대리자로 경험하게 해준다. 그것은 마치 피분석자의 부인(denial)이 분석가 편에서의 치료적 강렬함을 만나는 것과도 같다: 그는 프로이트가 자주 그 자신을 비유했던 '형사'(detective)가 된다.

프로이트는 자유연상에 대하 논할 때, 가장 중요한 자료는 가장 관련성이 없어 보이는 것이라고 말했다. 내 경험에 따르면, 가장 좋은 행동방침은 환자에게 지난 며칠 동안 무엇을 했는지를 단순하게 물어보는 것이다. '그냥 지난 주말에 무엇을 했는지 말해보세요.' 최근에 있었던 일에 대한 이야기 안에, 종종 겉으로는 무해한 것처럼 보이지만, 이유를 모른 채 환자를 불편하게 했던 어떤 사건이 있을 것이다. 그것은, 만일 그것의 수수께끼를 푼다면, 매우 중요한 것으로 드러나게 될, 공감적인 해석적 이해의 연결망을 형성하기 시작하는, 개인적 자아의 우르[2] 꿈처럼 매우 가치 있는 것이다.

벨린다는 월요일에 회기에 왔다. 그녀는 분명히 무언가가 달랐고, 곤경에 빠진 것처럼 보였다. 나는 그날에 있었던 무슨 일이

---

[2] 구약성서에 나오는 바빌로니아 지역의 한 지명으로서, 아브라함이 신의 부르심을 받는 꿈을 꾼 장소이다.

그녀로 하여금 모든 것에 대해 다르게 느끼도록 만들었는지 알아낼 수 없었지만, 그녀는 화요일 회기에서, 지난 토요일에 있었던 일을 말해주었는데, 그것은 그녀가 좋아하는 당근 케이크 파우더를 사러 마트에 갔었는데 그것이 없었던 사건이었다. 그녀가 아주 특별한 친구를 위해서 케이크를 만들 계획을 갖고 있었고, 마음속에 있는 선반 위에서 케이크파우더를 볼 수 있었지만, 정작 그것이 그 자리에 없자 그 사실을 믿을 수가 없었다. 그녀는 그것을 찾아 마트 전체를 뒤졌고, 직원에게 찾아달라고 요청했지만, 아무도 그것이 없는 이유를 설명해줄 수 없었다. 이 일을 경험하는 동안 벨린다는 자신이 무너진다고 느꼈다. 그녀는 가게 바깥에 있는 버스 정류장에서 멍하게 앉아있었다. 그녀는 모든 것이 망쳐졌다고 느꼈다. 사야 할 다른 것들도 있었고 해야 할 다른 일들도 있었지만, 그녀에게는 그것들을 할 수 있는 에너지가 남아있지 않았다.

이와 같은 순간에, 정신분석가가 피분석자에게 그 사건과 관련된 *생각들*을 회복할 수 있도록 충분한 시간을 허용하는 것이 중요하다. 이러한 정보 수집이 그 다음에 오는 것을 위해 결정적으로 중요하다. 우리는 이 단계에서 필요로 하는 것은 정동이 아니라, 정보라는 것을 주목해야만 한다. 그의 느낌에 대해 묻는 것은 비생산적이고 맥 빠진 추상적 대답만을 산출할 것이다.

이것을 상상하기 어렵다면 사춘기 직전의 아동을 생각해보라. 그는 학교에서 집으로 변화된 표정으로 돌아와서 한 마디 말도 없이 자기 방으로 들어간다. 무언가 잘못 되었다. 걱정되는 엄마는 아이의 방으로 달려가 무슨 일이 있었는지 물어보고 싶을 것이다. 그러나 건강한 엄마는 아이에게 달려가기 전에 아이가 회복할 시간을 갖게 해줄 것이다. 아이가 '들어오지 마요'라고 말한다면 '아직 회복되지 않았다'는 뜻이고, '들어오세요.'라는 말은 회복이 시작되었다는 뜻이다.
 '무슨 일이야?'라고 묻는 것은 문제에 접근하는 좋은 방식이 겠지만, 대개는 '아무 일도 없었어요.'라는 대답을 들을 것이다. 만일 엄마가 기다려준다면, 잠시 후 아이의 눈에서 눈물이 떨어지고, 아이는 베개에 얼굴을 파묻을지도 모른다. 충분히 좋은 보호자는 여전히 아이가 무슨 일이 있었는지를 말할 수 있기 전에, 스스로를 추스르도록 편하게 그대로 둘 것이다. 그리고 종종 이것은 긴 시간 동안의 대화로 이어지고, 아이는 회복되고 치유되었다고 느끼면서, 다시 삶을 살아갈 준비를 갖춘다.
 마찬가지로, 정신분석가는 피분석자가 말할 상태가 될 때까지 기다려야 한다. 그리고 그것이 회기의 남은 시간보다 길어질 것 같으면, 분석가의 적절한 조치는 더 많은 시간을 제공해주는 것이다. 시간은 분석가가 붕괴 직전의 환자를 얼마나 잘 도울 수 있는지에 대한 중요한 변수이다.
 벨린다는 친구가 당근 케이크를 좋아하는데, 맛있는 당근 케이크를 오랫동안 먹지 못했다는 말을 듣고서 그 케이크를 만들고 싶어 했던 것을 기억해냈다. 그녀는 완벽한 당근 케이크 파우더를 알고 있었지만, 당근 케이크를 만드는 법은 전혀 몰랐고, 그래서 불안했다. 그녀의 친구가 자신이 만든 케이크를 좋아할까? 아니면 그것을 조롱해서 그녀에게 굴욕감을 줄까?
 일요일에는 만찬이 있었다. 그 만찬은 요리의 관점에서 보자면 잘 되지 않았다. 게다가 벨린다의 변화된 상태가 관찰되었고, 그것 때문에 그녀의 남편이 벨린다를 힐책했다. 그는 손님들이 간 다음에 '도대체 당신은 뭐가 *문제야?*'라고 물었다. 그녀는 설명할 수 없었다. 그녀는 자신이 이해할 수 없는 사건에 의해 멍해진 상태로 침대로 기어들어갔다.
 무의식은, 그것이 무엇이든 간에, 그녀를 엉뚱한 가게로 데려

갔다. 케이크 파우더는 그곳에 없었는데, 그것은 그곳에 있어본 적이 없었다. 그것은 실책, 즉 실수한 행동이었는데, 나중에 우리가 알게 되었지만, 그것은 그녀가 자신에게 매우 비판적인 친구에게 귀한 것을 주려고 애쓰기로 작정했다는 사실에 대해 항거하는 방식이었다. 당근 케이크는 그녀에게 있어서 은유였다. 그녀는 자신이 진정으로 사랑하는 누군가가 자신 안에서 사랑스러운 어떤 것을 볼 수 있기를 절실하게 바랐지만, 그녀의 친구는 매우 자기애적이었고 드러내놓고 그녀에게 다정한 적이 한 번도 없었다.

벨린다의 착오행동을 보통의 신경증적 사건과 구별 짓는 것은 이 사건에 의해 발생한 정신적 고통의 정도였다. 이런 심각한 고통의 신호들은 붕괴를 향해 가고 있는 개인들에게서 볼 수 있는 특징들이다. 그들의 마음이 고통 속에 있는 이유는 그것이 긴급한 생각들과 불안들을 처리할 수가 없어서 환자를 아무것도 할 수 없는 상태에 남겨두기 때문인 것 같다. 정신적 고통 바로 뒤에는 심각한 상실감과 비탄의 상태가 있다: 자신이 생각할 수 있는 능력을 상실하고 있다는 그 사람의 인식은 자신이 자기를 상실했다는 확신과 함께 찾아온다.

나중에, 우리는 '당근 케이크(carrot cake)'라는 단어 안에 음소의 실수가 포함되어 있다는 것과 그것이 의미를 갖고 있다는 사실을 알게 된다. '캐럿(carrot)은 비록 아웃(out)이 거의 묵음에 가깝지만,' care '(돌봄)와 ' out '(아웃)으로 구성되어 있다. 무의식적으로, 벨린다는 그녀의 손님이 좋아하지 않을 것임을 자신이 알고 있고, 그렇기 때문에 자신의 노력이 실패할 것임을 알고 있으면서, 그 일에 적합한 음식을 찾고 있었다. 다시 말해서, 그녀는 당근 케이크를 만들면서, 자신의 노력이 거절되는 순간을 마련하고 있었다. (나중에, 그녀는 '캐럿'이라는 단어를 '개럿'(교살

형)으로 들었고, 자신이 친구의 목을 조르는 음식을 준비하고 있었을지도 모른다고 생각했다).

붕괴를 촉발시키는 가장 흔한 사건은 친구와의 언쟁 또는 파트너에게서 갑자기 거절 받는 것이다. 이 흔한 현상들은 거절에 의해 만들어진 진공 안으로 잠재되어 있던 심리적 문제들을 불러낼 수 있고, 그 공간은 보통 훨씬 더 깊고 더 힘들게 하는 아동기 사건에 뿌리를 둔 지연된 정동에 의해 채워진다. 이것은 환자를 퇴행시키는 즉각적인 효과를 갖는데, 그것은 높은 수준의 성인의 기능이 외상적 사건이 일어났을 당시의 심리적 위치에 의해 몰수되었기 때문이다. 만일 환자가 아무 말도 할 수 없이 멍한 상태가 된다면, 그것은 필시 지금 출현하는 외상이 자기의 전-언어적 시기에서 나온 것일 가능성이 가장 높다. 그것은 말로 표현될 수 없다. 그들이 자신들에 대해 알고 있었지만, 한 번도 생각해보지 않았던 것의 일부가 지금 그들의 존재의 본성 안에서 발생하는 두려운 변형을 통해 나타나고 있다.

이 지점에서, 자기는 얼어붙은 기억의 도래로 인해 고통을 받는다. 그것이 자기에게 충격을 가하면, 거기에는 퇴행과 얼마의 기능의 상실이 발생하지만, 자아는 여전히 붕괴되지 않는다. 하지만 만약 충분히 좋은 타자(엄마의 대리자)가 보조적 혹은 보완적인 자아를 제공하는 것을 통해 도움을 주기 위해 다가오지 않는다면, 그때 자아 기능은 상실되기 쉽다. 이것은 매우 불편한 변화들을 초래한다: 직장에서의 과제나 일상적인 생활에서의 요구들에게 집중하지 못하는 무능력; 최근의 사건들을 기억하지 못하거나 기이하고 중심에서 벗어난 것처럼 보이는 생각들에 사로잡히기 등등. 그 외에도 다른 사람들이 하는 말을 알아듣지 못하거나 일관된 문장들을 구성하는 데 필요한 단어를 선택하지 못하는 모습을 보일 수 있다.

자아의 해체를 나타내는 이러한 그리고 다른 징후들은 근원적인 불안을 불러일으킨다. 자기는 정신적 삶에 대한 통제, 과제들을 수행할 수 있는 역량 그리고 관계할 수 있는 능력을 상실하고 있다는 것을 깨닫는다. 그것은 그것의 존재 방식을 상실하고 있다.

근원적인 불안에 대한 방어들을 논의하기에 앞서 잠시 그것과 '신호 불안'을 대비시켜보자.

신호 불안은 특정한 반응이며, 그런 점에서 어느 정도 그것의 원천으로부터 단절된 채 거의 대부분의 시간 동안 주변을 맴도는 '자유롭게 떠도는 불안'과는 다르다. 만약 당신이 빨간 셔츠를 입고 들판을 질러가다가 갑자기 황소를 만난다면, 당신의 불안은 높아질 것이다. 이것은 당신이 위험에 처해 있고 행동을 취할 필요가 있다는 사실을 일깨워준다는 점에서, 가치 있는 정동적 상태이다.

신호 불안은 보통 자기에 대한 특정하고 제한된 위협과 관련되어 있지만, 그 위협이 외적인 것일 필요는 없다. 정신적 고통의 초기 단계에서, 만약 자기가 최근의 사건들을 기억하지 못하거나, 판단 능력이 떨어지거나, 비현실감을 느끼는 것과 같은 기이한 증상들을 보인다면, 자아는 내적인 경고를 발동할 것이다. 이것은 자기에게 그것의 정신적 삶 안에서 뭔가가 잘못되었고, 도움을 필요로 한다는 사실을 경고한다. 이런 유형의 경고를 인식할 때, 많은 사람들은 친구에게 자신이 이상한 느낌을 갖는다고 말하거나, 심리치료를 찾을 수 있다.

신호 불안은 매우 강렬한 감정이 정서적인 미성숙과 결합하는 시기인 청소년기 동안에 매우 흔하다. 청소년들은 불안을 정신붕괴에 대한 운명적인 예보로 해석하면서, 친구들과 가족에게 털어놓을 수 없다고 느낄 수 있다. 만약 이 압력이 견딜 수 없을 정도가 된다면, 청소년은 심지어 자살을 할 수도 있다.

근원적 불안은 신호 불안이 그것의 기능을 수행하는 데 실패했을 때 발생한다. 그것은 경고가 아니라, 자아 기능의 상실이 초래한 무력감에 대한 반응으로 나타나는 공황반응의 한 형태이다. 그것은 매우 강하고 두려운 것이어서, 마치 자기가 붕괴를 막기 위한 최후의 시도에 참여하기라도 하듯이, 강력한 방어들을 작동시킨다.

사람들이 이런 상태로 병원에 올 때, 임상가들을 보통 근원적 불안을 둘러싸고 세워진 방어들을 목격한다. 이 방어들 중에서 가장 흔한 것은 정동이 상실된 것처럼 보이는 것이다. 사실, 정동은 상실되지 않았다; 경험하지 않으려고 던져버렸다. 또 하나의 흔한 방어는 마치 전화번호부를 읽고 있는 것처럼, 부자연스럽고 과장된 어조로 말하는 것이다. 또 다른 방어는 침범적인 질문을 하지 못하도록 다른 사람들을 멀리하거나 그들의 도우려는 시도들을 방해하는 것을 목표로 하는 거짓된 친절함이다.

이 모든 방어들은 부분적인 철수의 형태들이다.

이런 더 높은 수준의 철수 형태들이 근원적 불안을 완화하지 못한다면, 그 사람은 사람들과의 모든 접촉으로부터의 철수와 같은 좀 더 과격한 조치들을 취할 것이다. 이것은 임상적 우울증에서 가장 흔히 볼 수 있지만, 그것은 또한 붕괴의 문제를 갖고 있는 사람들이 자신들이 자아 기능을 상실한다고 느낄 때에도 발생한다. 이것에 대한 대안적 반응은 철수와 완전히 반대되는 것처럼 보이는 동요된 우울증(agitated depression)이다. 사실 이들은 끊임없이 자기를 괴롭히는 문제들에 관해 논의하고 말하기 위해 사람들을 찾고, 수다스럽다.

이런 강박적인 말하기 때문에 임상가들은 강박충동장애(OCD)의 발생으로 해석할 수 있지만, 실제로는 현실을 정신적 대안물로 대체하고자 하는 마음의 시도이다; 생각의 세계를 가지고 현실 세계를 점령하려는 시도. 붕괴가 외적인 사건 때문이든, 아니면 내적인 사건 때문이든, 동요는 심리내적인 충격에 대처하지 못하는 자아의 구조적 실패에 따른 결과이다. 말할 수 있는 다른 사람들을 발견하는 것을 통해서, 그 개인은 자신의 마음으로부터 다른 사람의 마음속으로 도피하려고 시도하지만, 이 투사적 동일시의 시도는 그 불안의 원천이 심리내적인 것이기 때문에 실패한다. 거기에는 불가피하게 자기의 공황상태로 되돌아가는 일이 발생할 것이다.

만일 그 사람이 계속해서 동요된 상태에 머문다면, 거기에는 비참한 결과를 맞게 될 가능성이 있다. 그는 너무 많이 말하는 것을 통해서 마음에서 내용물을 비워내고, 도움을 주기 위해 경청하는 것을 통해서 자신도 모르게 붕괴 과정에 공모하고 있는 다른 사람 안에 그 내용물을 집어넣는다. 과도한 말하기는 생각들을 존재 없이 쏟아내고 말해버리기 때문에, 자신의 무의식적인 자유연상들로부터 배울 수 있는 자기의 능력을 상실하는 결과를 초래한다.

그 외에도, 투사에 의해 자기의 생각들의 원천을 외부에서 찾는 것은 의미의 위계가 상실된 *정신증적 민주화*를 결과로 가져온다. 하나의 아이디어는 그 다음의 것만큼이나 의미 있다. 그러한 위계질서가 없이는 자기는 정신적 방향키를 갖지 못한다; 거기에는 순환적인 하나의 방향만이 있다. 정신증적 악순환이 확립되고, 그 안에서 개인은 끝없이 제자리를 맴돈다. 때때로 그들은 무언가를 이해했다고 느낄 수 있지만, 남는 것은 아무것도 없고 어떤 이해도 성취되지 않는다.

만약 자기가 자체의 정신적 내용들을 계속해서 비워낸다면, 사고 과정 자체는 퇴화되고, 자기는 이제 자신의 사고들을 생각하는 데 다른 사람들에게 의존한다. 이제 그가 의존하는 집단은 서로에 대해 알지 못하는 사람들로 구성된 이질적인 집단일 수 있고, 그럼으로써 조화롭지 않은 집단적 사고 과정이 지배할 수 있다. 이것이 정신적 삶을 메마르게 하는 심리적 탈수 현상으로 있을 수 있다. 자기는 이제 하나의 목소리에 지나지 않는다. 생각들은 빠른 속도로 출현하지만, 도움을 청하는 반복되는 긴급한 탄원들을 제외하고는, 그것들 배후의 삶을 갖지 못한다.

그러한 강렬한 요구들은 다른 사람들과 관계하고 싶은 욕망을 가리키는 것으로 보이지만, 사실 이 동요된 상태는 철수의 한 형태이다. 그것은 다른 사람들의 말들과 생각들을 취소시키는, 사고의 전능성을 주장하고자 하는 시도이다. 이제 개인은 도움을 구하는 온갖 노력에도 불구하고, 그 누구에게서도 도움을 받지 못했다는 가정 하에서, 자살을 생각하거나, 말이 없는 전능적 격노로 철수할 수 있다.

이후의 장들에서 나는 이런 환자들과 함께 했던 작업을 상세하게 논의할 것이다. 하지만 그 전에, 우리는 붕괴를 겪고 있는 사람들과 작업하는 데 필요한 가이드라인을 고려할 필요가 있다. 우리는 어떻게 틀의 변화를 논의하는가?

제3장
가이드라인

　이 책이 주장하는 바는, 비교적 경험 있는 정신분석가나 정신분석적 심리치료사라면 누구라도, 붕괴를 겪고 있는 대부분의 사람들의 필요들을 충족시켜줄 수 있어야 한다는 것이다. 그러나 그런 비정상적인 상황에서 정신분석 작업을 할 수 있기 위해서는, 변경된 분석적 틀의 상세한 내용들에 대한 면밀한 주의가 요구된다.
　나는 이 임상적 과제를 수행하도록 분석가를 지원하기 위해서는 하나의 팀을 형성할 필요가 있다고 이미 언급했다. 분석가는 사실상 입원에 따른 외상적 효과를 발생시키지 않고서, 환자의 일상적인 환경 안에서 '병원 수준의 돌봄'을 제공하고 있다. 또한 분석가는 환자가 붕괴 안으로 침잠해 들어갈 때, 필요하다면, 생활의 실제적인 세부사항들을 다루는 과제와 관련해서 환자를 지원하는 것이 중요하다.
　분석의 시간적 차원을 연장하는 것에 대한 분석가의 제안은 심각한 심리적 문제들을 파생시킨다. 분석가는 어떻게 그리고 왜 틀이 바뀌는지를 설명할 필요가 있다. 나는 이것을 설명하는 데 추상적인 접근방식보다는 아래의 접근방식을 인용할 것이다.

나는 당신이 힘든 시기를 통과하고 있고, 이것이 당신에게 중요한 시간이라는 것을 알 수 있습니다. 이런 일이 발생할 때, 일어나고 있는 일을 처리하는 데 필요한 시간을 갖기 위해 회기의 수를 늘이자고 제안하는 것이, 내가 나의 모든 환자들에게 적용하는 표준적인 절차입니다. 당신이 동의한다면, 이제부터 당신은 매일 오던 정규적인 시간 외에도 오후 5시 30분에 또 한 번 오시기를 바랍니다. 당신이 약을 필요로 하거나 다른 의학적 도움이 필요한 경우에 대비해서, 나는 당신이 내가 함께 일하는 정신과의사인 닥터 브랜치를 박사를 만나기를 바랍니다. 그는 이 기간 동안에 우리를 지원해 줄 겁니다. 당신이 오늘이나 내일 그를 방문하는 것이 좋을 것 같은데, 내가 당신을 위해 약속시간을 예약해줄 수 있습니다. 적어도 다음 몇 주 동안은 일주일에 한 번 그를 만날 겁니다. 그리고 나는 또한 당신이 당신의 일반의도 방문하기를 바랍니다.

환자를 돕기 위한 외래환자 팀의 인원을 더 많이 필요로 하는 경우, 나는 다음과 같이 말할 것이다:

나는 당신이 지금 얼마의 추가적인 지원을 필요로 한다고 생각합니다. 그리고 당신의 누이[형, 이웃, 친한 친구]가 당신의 어려움을 알고 있다는 것을 이해합니다. 만약 당신이 그들에게 음식이나 기타의 일들을 돕기 위해 매일 방문해달라고 요청하는 것이 편하다면, 그들에게 전화하십시오. 당신과 나의 관계가 비밀로 유지되어야 하기 때문에, 나는 그들과 접촉할 수 없지만, 이것이 나의 추천이라는 사실을 말하는 것은 괜찮습니다. 그리고 이것을 당신의 정신과의사와 의논해 보세요. 그가 당신의 누이를 만나겠다고 요청할 수 있고, 필요한 돌봄을 제공하는 데 협조할 것입니다. 내 경험으로는 이런 종류의 추가적인 도움은 보통 기껏해야 몇 주 정도 필요합니다.

영국에서 분석가로 일할 때, 나는 종종 다음과 같은 말을 덧붙이곤 했다:

이런 종류의 상황에서, 당신이 회기에 오고가는 문제가 해결된다면 우리의 일이 더 쉬워질 것입니다. 당신을 여기로 데려오고 다시 집으로 데려다줄 수 있도록 지역의 소형택시 회사에 조처해 놓을 겁니다. 운전기사의 이름은 에드워드이고요. 요금도 매우 적절하고, 그가 당신에게 참견하거나 질문하는 일은 없을 겁니다.

그러면 분석료는 어떻게 되나요? 나는 이것을 아래와 같이 설명한다:

비록 회기 수는 늘어나지만, 당신은 보통 한 주 동안에 지불하던 액수만큼만 내면 됩니다. 당신에게만 예외로 그렇게 하는 것이 아닙니다; 내가 보통 하는 방식입니다. 나의 분석료 구조는 이런 사건들을 고려한 것입니다.

이런 의사소통은 여러 가지를 성취한다.
이 틀의 변화를 환자에게 설명하는 방식이 중요하다. 이런 조치들이 표준적인 실천에 해당되는 것이고, 필요할 경우 언제든지 개입해서 도울 준비가 되어 있는 사람들의 팀이 존재한다고 말해주는 것은 공황상태에 가까이 있는 대부분의 피분석자들에게 커다란 안도감을 준다.

설명은 일시적으로 안아주는 환경을 제공하는 이야기 구조로서 기능하며, 또한 앞으로 다가올 일에 피분석자를 준비시킨다. '표준적인 실천'과 '임상적 지침'과 같은 문구를 반복해서 사용하는 것은, 이것이 개인적인 개입 행동이 아니라 전문가적인 행동이라는 사실을 강조한다. 그것은 그 결정이 앞으로 나가기 위한 지혜롭고, 가장 좋은 방법으로 간주된다는 점을 강조한다. 그것은 단순히 분석가가 환자를 위해 수행하는 훈련을 나타낸다. 분석가는 암시적으로, 때로는 명시적으로, 환자에게 긴장을 풀고 분석과정을 신뢰하라고 요청한다.

이 방법과 그것의 전문성에 대해 환자의 신뢰를 얻는 것은 이 시점에서 지극히 중요하다. 그것은 환자의 인생에서 결정적인 순간이다. 분석가가 환자가 붕괴될 때 분석적 작업을 강화시켜 주고, 환자의 필요를 충족시켜주는 안아주는 환경을 만들어줄 수 있다면, 붕괴의 경험은 앞으로 살아가는 동안 늘 환자를 새로운 존재로 만들어줄 하나의 돌파구로 변형될 수 있다. 만약 그렇지 않다면, 그것은 재앙이 될 수 있다.

붕괴를 겪고 있는 사람을 다룰 때, 분석가는 무엇보다도 게임의 배후에 있는 존재가 되기를 원하지 않는다. 이런 상황에 처한 임상가들을 슈퍼비전했던 내 경험에 의하면, 지금껏 가장 흔한 실수는 분석가가 환자의 붕괴가 자리를 잡기 전에 안아주는 환경을 조직하는 데 실패하는 것이다. 그럴 때 분석가는, 붕괴가 발생할 때 환자와 함께 거기에 있기 위해 위기를 예상하기보다는, 이미 발생한 것에 대한 반응으로 헛되이 놓친 것을 따라잡으려고 시도할 것이다. 환자가 안아주는 환경을 제공받지 못할 때, 그들의 공황반응은 증가할 것이고, 이제 출현하고 있는 발생학적인 역사적 사건들(또는 초기 아동기에 조직된 정신 구조들)은 초기 아동기에 일어났던 것과 똑같은 유형의 실패, 또는 자아 골절을 만나게 된다. 현재의 외상은 이제 최초의 상황—부모의 광증의 내재화이든, 아니면 세상에 대한 자기의 비뚤어진 반응이든—이 사실임을 확인해준다. 일단 그것이 자리를 잡으면, 나는 그것이 해제될 수 있다고 생각하지 않는다.

비극은, 특히 지난 40년 동안 미국에서, 선한 의도를 지닌, 친절한 임상가들이 소송에 대한 두려움으로 인해 방어적인 심리치료의 형태를 취해왔다는 것이다. 그들은 너무 쉽게 정신약리학자들에게 의뢰하고 있고, 그들의 환자들이 정신분석 과정에 대한 불안, 주저 그리고 명백한 신뢰의 결여를 극복하도록 돕는 데 실패한다. 나는 미국의 동료들에 대해 최대의 존경심을 갖고 있지만, 그늘의 전문가적 자유의 권리에 대한 침범이 너무 심한 나머지, 너무 자주 심각한 장애를 입은 사람들의 치료에서 그들의 임상적인 판단에 의해 안내받는 데 실패하고 있다. 이러한 전문성의 권리를 주장하는 사람들은 용기를 갖고서 위험을 감수하고 있다.

일단 분석가가 피분석자에게 임상적 판단에 따라 치료 계획에 변화가 추천된다고 조심스럽게 설명하고 나면, 피분석자는 종종 그 아이디어에 반대할 것이다.

나는 이런 종류의 변화에 대한 특정한 저항을 좋은 신호로 간주한다. 정상성을 유지하고자 하는 욕망은 생명 본능의 일부이고, 분석가는 환자에게 분석의 집중도의 변화가 그저 현재의 위기를 극복하도록 돕기 위한 것임을 확인해주는 동시에, 환자의 소망을 지원해주는 것이 중요하다.

대부분 분석을 하루에 두 회기로 늘인 모든 환자들은 그들의 직장 일을 계속할 수 있었고, 직장에서 최소한의 시간을 양해 받는 것으로 충분했다. 영국에서는, 미국과는 대조적으로, 일하는 장소와 관련해서 상당히 탄력적일 수 있고, 일반적으로 침범적인 조사를 받지않고서도 일시적으로 하루에 몇 시간만을 일하는 자유를 허락받고 있다.

　임상적인 관점에서 볼 때, 그것은 직장에 계속 다니려는 사람들에게 유리하다. 비록 그들이 한동안 기본적인 절차적 기억과 습관에 의존하는 단순 업무만을 해야 한다고 해도. 나는 그들에게 그 기간 동안 힘든 일을 떠맡아서는 안 된다고 설명한다. 그리고 우리가 앞으로 두 주 동안 무엇을 하게 될지, 그리고 얼마 동안 특정 업무들을 어떻게 다른 사람들에게 넘길 것인지를 논의한다. 일을 계속하는 것이 갖는 가치는 그것이 단순히 삶의 중요한 부분을 방해하지 않는다는 사실뿐만 아니라, 직장생활에서 필수인 자아기능을 유지시켜준다는 사실에 있다. 내가 따르는 방법에서, *분석가는 항상 피분석자 안에 있는 자아의 힘들을 지지해주는 것이 중요하다.* 왜냐하면 그 힘들이 심리적으로 안아주는 환경과 회복과정의 중요한 부분이 될 것이기 때문이다.

　환자들은 흔히 분석료를 걱정하는데, 나는 독자들에게 그것이 나의 이타주의의 문제가 아니라는 점을 분명히 하고 싶다.

　나는 이 지점에서 피분석자의 삶에서 어떤 과도한 스트레스도 제거해야 할 임상적인 이유들에 관심을 갖고 있다. 이미 커다란 압력을 받고 있고 두려움으로 가득 차 있는 그들에게 가장 필요하지 않은 것은 빚을 지는 것에 대한 불안이다. 그리고 나 자신의 마음속에서도 이런 부담을 피하고 싶어 한다. 내 앞에 놓은 과제를 해낼 수 있기 위해서, 나는 환자가 비용을 감당할 수 없는 경우에 그 일을 급하게 해결해야 한다는 부담과 산만함을 원하지 않는다.

　지금까지는 가장 쉬운 해결책은 분석료를 고려사항에서 제거하는 것이다. 내가 말했듯이, 나는 이것이 나의 표준적인 절차라고 분명히 밝히고, 대부분의 피분석자들(히스테리성이 아닌)은 이것을, 그들을 특별하게 느끼게 하는 유혹적 시도로서 경험하지 않는다; 그때 그들은 그런 식으로 반응하기에는 그들의 내적 상태에 의해 너무 외상을 입고 공황상태에 처해 있다. 그럼에도 불구하고 분석가는 회복된 환자가 퇴행기간에 있었던 일을 숙고할 때, 어느 정도 회고적으로 죄책감을 느끼는 것을 예상해야만 한다. 이런 이유에서 나는 나의 정책이 추가 회기에 대해서는 따로 돈을 받지 않는 것이고, 이것은 그에게도 예외가 아니라는 점—때때로 아이러니를 통해서—을 항상 분명히 밝힌다.

종종 피분석자들은 지금 일어나고 있는 일을 가족과 친구들에게 어떻게 설명해야 할지를 걱정을 한다. 하지만 환자와 가까운 사람들은 보통 환자의 상태를 보고 이미 매우 놀란 상태이기 때문에, 그들이 상황을 다루기 위해 추가적인 회기를 갖는다는 사실에 오히려 안도하는 경향이 있다는 사실을 나는 지적할 수 있다.

이런 이슈들을 명료화한 후에, 나는 피분석자와 나의 합의안을 내놓는다. 나는 그들이 바뀐 스케줄을 지키고, 우리 모두가 성공적이라고 느낄 때까지 노력할 것을 요청한다. 그 다음에 우리는 내가 제시한 것을 마지막으로 한 번 더 검토하고, 만일 우리가 논의한 내용에 대해 의심이 남아있는지를 확인한다. 대체로 모든 사례들에서 환자는 동의한다.

거기에는 여전히 약간의 모호한 질문들이 남아있을 수 있다: '그렇지만 내일 내 친구와 저녁을 먹으러 갈 수는 없나요?' 또는 '직장에서 새로운 프로젝트가 있는데, 내가 처음부터 그 프로젝트에 합류해야 하거든요.' 등등. 나는 안 된다고 말하고, 지금은 그런 것들을 목표로 해야 할 때가 아니라고 말한다. 그들의 상태가 위중하기 때문에, 우리는 그 상태를 진지하게 취급해야 하는데, 이것은 그들이 치료에 절대적인 우선권을 주어야 할 필요가 있다는 것을 의미한다. 지금은 정신분석이 강화되고 있는 곳, 그리고 현재 환자의 삶에서 모습을 드러내고 있는 인물이 스스로를 명료하게 표현할 수 있는 기회를 허용 받는 곳인, 안식처의 한 형태를 찾아야만 하는 시기이다.

그렇다면 이 작업의 시기가 시작되기 전에, 두 참여자들의 마음 안에는 무엇이 있는가?

분석가는 피분석자가 본격적으로 붕괴에 돌입할 때 발생할 것들에 관한 얼마의 예감들을 가질 수 있지만, 내 경험에 의하면, 그것에 관해 이차적인 추측은 하지 않는 것이 최상이다. 열린 마음은 무의식적으로 수용적인 마음이다. 앞으로 몇 주 동안 펼쳐질 일들은 물론 힘든 일일 것이지만, 분석가는 피분석자의 마음 한복판으로부터 오는 귀중한 정보의 수용자가 될 것이고, 지금은 피분석자가 말하는 모든 것을 듣고 흡수하기 위해 깊이 집중해야 할 때이다.

그러면 피분석자는 이제 일어나려고 하는 일을 어떻게 이해하는가?

거센 바람과 높은 파도가 태풍이 올 것을 미리 말해주듯이, 거기에는 어떤 심각한 일이 일어나고 있고, 따라서 비상조처를 취할 필요가 있다는 충분한 경고가 있었다. 환자는 신호 불안과 근원적 불안이 혼합된 불안을 경험할 것이고, 이것은 그로 하여금 분석가의 행동계획과 동맹을 맺게 하는 경향이 있는데, 그것은 그런 계획이 불안해하는 그를 담아준다고 느껴지기 때문이다. 정신적 질병의 강력한 도래에 대처할 수 있게 해주는 정신분석적 절차가 있다는 것을 아는 것은 깊은 안도감을 준다.

환자를 위해 쓸 임상적 시간의 양을 예측하는 것은 안아주는 환경의 중요한 질적 측면이다. 이 시점에서 불충분한 회기들을 제공함으로써 다가오는 도전을 과소평가하는 것은 분석가로 하여금 붕괴의 속도에 뒤처지는 위험을 자초하는 원인으로 작용한다는 점에서, 근본적인 실패를 구성한다. 만약 너무 많은 회기들을 추천한다면, 그것은 치료의 손상을 야기하지 않은 채 수정될 수 있기 때문에 훨씬 덜 위험할 것이다. 그것은 물론 각각의 사례에 맞게 개별적으로 판단해서 결정할 일이지만, 일반적으로 말해서, 나는 서서히 붕괴하는 사람에게는 연장된 기간 동안 추가적인 회기들을 추천하는 반면에, 갑작스럽고 급성인 붕괴를 겪는 사람에게는 온종일 회기들을 제공하는 경향이 있다.

나는 이런 인간 대 인간의 약속(commitment)이 지닌 깊은 의미를 전달하는 방법을 알지 못한다. 새로운 계약의 세부사항을 넘어서, 피분석자는 한 인간 존재가 다가오는 최악의 상황을 통과하는 동안 함께 하기로 약속하고 있다는 것을 이해한다. 그것이 내가 느끼는 방식이다. 나는 그 일이 아무리 오래 걸리더라도 (나의 제안이 부적절한 것임이 명백해지지 않는 한) 그들과 함께 머무를 준비가 되어 있다. 나는 이것 자체가 환자를 향한 나의 의사소통의 일부라고 확신한다.

이것이 나 자신의 능력에 대한 확신의 문제가 아니라는 점을 분명히 해야 할 필요가 있다; 그것은 단지, 지난 수십 년 동안 내가 정신분석적 방법, 즉 판단 받는 것에 대한 두려움 없이 방해 받지 않고 다른 사람에게 자유롭게 말할 수 있는 시간을 주는 방법이 지닌 치료적 효율성에 대해 점점 더 강한 인상을 받아왔다는 사실을 말해준다. 그 방법의 신실성과 단순성은 심오한 느낌을 산출한다. 인간 존재는 많은 것들에서 형편없지만, 그가 부여받은 재능들 중 하나는 언어라는 특별한 능력이다. 비록 정신분석 안에서 일어나는 많은 것들이 비언어적인 것이라고 해도,

언어적 잠재력은 무엇이든 필요한 방식으로 사용될 수 있는, 그 *자체*로서 믿을 만한 것이자, 무의식 안에 존재하는 구조이다.

따라서 정신분석가가 그의 실천의 전문가적 표준들을 주장하는 바로 그 순간에, 이 연장 안에 있는 인간적인 요소는 이미 치료의 일부이다. 이 측면은, 빈번히 그렇듯이, 만약 붕괴를 겪고 있는 사람이 그의 유아기와 아동기에 적절한 인간적 돌봄을 받지 못했다면, 특별히 강력하다. 그들은 최선을 다하는 엄마와 아빠, 아마도 부모로서의 의무들을 다하고, 마지못해 부모역할을 했으며, 실제로 좋은 의도를 가진 사람들이었을 수 있지만, 어떤 이유에서든 그들은 좋은 부모가 되는 것 안으로 그들의 인간성을 데려올 수 없었다. 그들의 공감적 잠재력의 일부가 발달하지 못한 채 유보되어 있었다. 어쩌면 아기의 울음이나 아동의 요구들이 그들을 그들의 인격의 멀리 있고 방어적인 부분들 안으로 보냈거나, 아니면 경력 쌓는 일에 너무 집중한 나머지 아이는 계속해서 이차적인 관심사로 밀려났을 수도 있다.

그러나 그런 환자들이 항상 이런 유형의 배경만을 갖고 있는 것은 아니다. 아동기는 본질적으로 깊이를 다 알 수 없고, 소통될 수 없는 경험이다. 가장 훌륭한 부모조차도 아동의 내적 투쟁에 대한 증인이 될 수 없고, 때로 아동은 단순히 부모의 지각 바깥에 있는 깊은 구조적 위기를 경험하고 있을 수 있다. 다른 말로, 마음은 위험한 현상이고, 아동의 마음은 특히 삶에서의 예측을 불허하는 변화에 취약하다. 따라서 아동의 욕구가 부모에 의해 충족되지 못했든지, 아니면 아이가 단순히 아동기 자체로 인해 고통을 받았든지 간에, 많은 환자들은 초기 외상들을 성인기의 삶 속으로 가져온다.

아동기 자기의 만연된 실패는 사탄을 숭배하는 제의, 성추행이나 정서적 학대 등의 끔찍스런 이야기들을 통해서 대중적 상상력과 임상적 상상력 안에서 몰수되어 왔다. 아동을 상대로 한 범죄는 대중의 경각심을 일깨울 정도로 충분히 빈번하고, 희생자들이 임상적인 관심을 받을 만한 가치가 있다고 말하는 사람 없이 계속되고 있지만, 이러한 드러난 그리고 폭력적인 방식으로 고통을 받은 사람들은 이 글에서 묘사된 사람들과는 다른 모습을 정신분석가에게 제시한다.

우리는 여기에서 그 동안 무시되어왔던, 비교적 흔한 상황을 다루고 있는데, 그 상황은, 비록 그것이 성추행을 당했거나 정신증적인 개인의 긴급성을 결여했다고 해도, 관심의 대상이 되어야만 한다. 왜냐하면 우리가 분열성, 강박증이나 우울증으로 진단할 수도 있는, 정상적으로 기능하는 사람들이 기능하기를 중단하고 붕괴될 때, 그것은 그들의 인격의 잠재력, 그들의 삶과 관계의 질을 파괴할 수 있고, 앞으로 평생도록 그들의 내적 세계에 영향을 끼칠 수 있기 때문이다.

잠재적으로 취약한 많은 사람들은 무의식적으로 자신들에게 치유적인 관계들을 제공하거나, 그들의 직업 생활에 몰입하는 것을 통해서 붕괴를 피한다. 좋은 파트너는 때로 성인기 안에 거주하는 무의식적인 아동기 외상을 치유할 수 있다. 일에의 몰두는 내적으로 영양분을 줄 수 있기 때문에, 그것 자체로서 그렇지 않았더라면 발생했었을 붕괴를 막을 수 있다. 성인기 동안에, 만일 그 사람이 운이 좋다면, 무의식적으로 매우 창조적이어서 내면으로부터 자기를 치유하는 심리적 생성체(psychic genera)—일상적인 삶에서 사고되지 않은 앎의 부분—로서 사용되는 많은 순간들이 있을 것이다.

따라서 이 작업은 아동기 외상에 대한 변형적인 치유를 발견하지 못한 사람들, 그래서 그들의 삶의 어떤 순간에 붕괴될 운명을 갖고 있는 사람들에 대한 것이다.

제 4 장
에밀리

    에밀리는 나의 상담실에서 10마일 정도 떨어진 곳에 있는 주택협회에서 일하는 삼십대 중반의 여성이었다. 그녀는 동료들이 자신을 매우 유능하고 유용한 사람으로 보고 있지만, 그것은 자신이 얼마나 겁에 질려 있고 힘들게 살고 있는지를 그들이 모르게 하려는 그녀 자신 편에서의 엄청난 노력 덕분이라고 느끼고 있다는 문제로 자신이 분석을 받으러왔다고 말했다. 그녀는 남자친구와 장기적인 관계를 유지해왔고, 그를 주변에 두는 것이 안도감을 주었지만, 지난 몇 해 동안에 그가 불안해졌다고 말했고, 이것이 에밀리의 불안을 가중시키고 있었다. 그녀는 창백해보였고, 말하는 것이 힘들어보였으며, 정신이 없어 보였다.

    그녀는 주 5회 분석을 위해 그녀의 일반의가 의뢰했다. 첫 일 년 반 동안 그녀는 아이 시절에 부모에게서 여러 번 떨어졌던 일들, 다른 아이들과 학업 부진에 대해 두려움을 가졌던 일들에 관해 이야기했다. 그녀는 수줍어했고, 내가 대기실에서 인사를 건넬 때 거의 나를 쳐다보지 않았으며, 몽유병 환자처럼 카우치 쪽으로 갔다. 그녀는 아주 낮은 목소리로 말을 했고, 말하는 도중에 길게 침묵을 했고, 이따금씩 침을 삼키는 것을 힘들어하는 것처럼 보였고, 종종 손가락으로 눈물을 닦으면서, 울음을 참기 위해 애를 썼다.

나는 그녀가 언제 불안하거나 취약하게 느꼈는지, 그녀가 이런 식으로 느낄 때 그녀는 어디에 있었는지, 그리고 왜 그랬는지를 매일 매일 확인할 뿐만 아니라, 또한 그녀의 강점들을 주목했다. 커다란 고통과 개인적인 취약성으로 구성된 과거 및 현재와 함께, 우리는 그녀의 능력들을 확인했다: 그녀가 자신의 삶에서 기술, 결의 그리고 방향을 보여주는 방식들.

그녀는 나에게 적대적이지는 않았지만, 나를 경계했다. 그녀는 나에게 의존할 수가 없어서 거리를 두어야 한다고 결론을 내린 것 같았다. 우리는 그것에 대해 그리고 그것의 모든 뉘앙스들에 대해 논의했고, 그녀의 존재하고 관계 맺는 방식을, 그녀의 정신성을 생성해낸 환상들과, 그리고 그녀의 행동에 영향을 준 과거의 사건들과 연결시켰다.

어느 월요일에 에밀리는 그녀의 남자친구가 자신을 떠났다고 말했다. 몇 개월 동안 그는 그녀와 함께 하는 삶보다 더 나은 삶을 살 수 있을 것 같다고 말하면서, 떠나겠다고 말했었는데, 일요일에 에밀리가 공원 산책에서 돌아왔을 때, 아파트는 비어있었고 몇 주 안에 연락하겠다고 쓴 메모만 남아있었다. 그녀는 의자에 주저앉아 여러 시간 동안 앉아있었다. 다음날 내가 그녀를 만났을 때, 그녀는 산송장처럼 걸었다. 그녀는 백짓장처럼 창백했고, 말하는 것을 힘들어했으며, 카우치에 누워서 긴 시간 동안 침묵하곤 했다. 그녀의 뺨에는 눈물이 흘러내렸다. 비록 남자친구가 떠난 것이 예상을 벗어난 것은 아니었지만, 나는 그녀가 이 충격에서 살아남기 위해 힘든 시간을 보내야 할 거라고 느꼈다.

회기가 끝난 후에, 나는 그녀의 허락 하에 그녀의 일반의에게 그녀의 상태가 염려된다고 전화했고, 우리는 계속해서 연락하기로 했다.

화요일 회기에 그녀는 거의 같은 상태로 회기에 왔지만, 더 헝클어진 모습이었다. 그녀가 말했다: '아, 그런데, 내가 방금 운전을 잘못하는 바람에 차가 박살이 났어요.' 비록 그녀는 이 사건으로 인해 충격을 받았지만, 간신히 출근은 할 수 있었다. 그러나 차 없이 그녀의 임무를 수행하기는 어려웠다.

수요일에, 그녀는 전혀 아무 말도 하지 않았고, 목욕도 안한 사람처럼 단정치 못했다. 나는 그녀에게 자신을 잘 돌보느냐고 물었고, 그녀는 '아니요'라고 말한 후에, 반응이 없었다. 나는 그녀에게, 그녀의 붕괴가 전적으로 이해가 된다는 말을 해주었고, 또한 그녀의 남자친구가 떠난 것이 매우 고통스러운 사건이었지만, 그것과 연결된 느낌들이 아직 와 닿지 않은 것 같다는 말을 해주었다; 그녀는 충격에 빠져있었다. 나는 그녀의 자동차 사고, 회기 안에서 동떨어져 있는 것, 그녀가 잘 먹지도 않고 자신을 제대로 돌보지도 않고 있는 것처럼 보인다는 사실 등이 그녀가 추가적인 도움을 필요로 한다는 것을 말했다.

그녀는 내 생각에 대해 물었고, 나는 누군가가 힘든 상황에 처해 있을 때, 보충적인 돌봄을 제공하는 것이 나의 표준적인 절차라고 말했고, 또한 내가 그녀의 일반의와 지속적으로 연락을 취할 것이라고 말했다. 처음에, 그녀는 자신은 멀쩡하다고 주장했지만, 몇 분 후에 흐느껴 울면서 자신의 일반의와 연락해도 좋다고 말했다. 회기가 끝났을 때, 그녀는 카우치에서 힘들게 일어나 상담실을 나갔다.

나는 그녀의 일반의에게 전화해서 그녀의 상황에 대해 의논했고, 그는 다음날 오후에 그녀를 만나보겠다고 말했다.

목요일에, 나는 그녀에게 이것을 말해주었다. 그녀는 반응이 없었지만, 그녀가 떠나기 전에 내가 한 번 더 그녀가 그 약속을 이해했느냐고 물어보자, 그녀는 그 의사를 보러가겠다고 했다. 나는 또한 주말에 내가 그녀를 만나고 싶다고 말을 했는데, 그녀는 그 제안에 동의했다. 나는 그녀가 방향감각을 잃은 것처럼 보였기 때문에 회기에 오고 가는 데 택시를 이용할 필요가 있다고 생각했다고 말했다. 나는 이런 일을 위해 택시기사가 준비되어 있고, 그가 그녀를 직장에서 상담실로 데려오고, 상담실 밖에서 기다리고 있다가 상담이 끝나면 그녀의 집으로 데려다주도록 조처해놓겠다고 말했다. 그녀는 차가 없었고, 대중교통을 이용하는 것은 지금 매우 힘들었기 때문에, 그것이 도움이 된다고 느꼈다. 그녀의 마음 상태를 생각할 때, 우리는 그녀가 사무실에 전화해서 다음날 일하러 갈 수 없다고 알려주는 것이 좋겠다고 합의했다.

월요일이 되자, 에밀리의 상태는 나빠지고 있었다. 그녀는 그녀의 일반의를 만났고, 그는 그녀가 병원에 입원해야 할 것 같다고 생각했지만, 우리는 며칠 동안 상황의 추이를 살펴보기로 했다. 그녀의 허락 하에, 나는 사회복지사가 저녁 이른 시간에 그녀를 방문해서 그녀가 어떻게 지내는지를 확인하도록 조처했는데, 그녀는 이 일로 인해 안도감을 얻는 것 같았다. 회기가 끝난 다음, 에드워드가 그녀를 직장에 데려다주었다. 그녀는 직장의 '안도감을 준다'고 느꼈다. 그녀는 자신이 힘든 업무들을 미뤄두었고, 그녀의 동료들이 그녀를 이해해주는 것처럼 보였고, 이것저것 캐묻지 않았다고 말했다.

그녀는 이제 아동기 경험의 선명한 분출인 것처럼 보이는 '환상들'을 보고 있었다. 그것들은 히스테리성이 아니었다; 거기에는 그것들을 보는 데서 쾌락을 얻는, 이차적 이득이 없었다. 그것들은 생생한 장면들이었다: 부엌에서 앞치마를 두르고 있는 그녀의 엄마; 엄마가 음식을 준비하는 동안 엄마의 발 옆에 누워있는 자신의 모습; 가족의 자동차가 길을 따라 사라지는 장면 등. 맨 마지막 장면은 그녀가 몇 달에 한 번씩만 부모를 볼 수 있었던 시기인, 세 살 경에 이모가 그녀를 돌봐주었던 시기와 관련되어 있었다.

정신분석적 관점에서 볼 때, 출현하고 있는 자료는 중요한 것이었다. 나는 집중해서 이야기를 들었고, 그 환상들이 어떻게 그녀의 과거에 있었던 어떤 것을 말해주는지를 내가 이해했다고 생각될 때, 그녀에게 해석해주었다. 하지만, 매일 내가 대기실로 그녀를 데리러갈 때마다 그녀는 전보다 더 얼어붙은 것 같았고, 또한 일종의 격노에 사로잡혀 있는 것 같았다. 나는 이것을 회기 안에서 그녀에게 말했고, 그 일 이후로 그녀는 나에게 매우 화가 났지만, 왜 그런지는 이해할 수 없었다. 나는 내가 그녀를 유기했던 그녀의 엄마/아빠가 된 것 같았고, 그들에 대해서 그녀가 느꼈던 모든 것이 지금 분석 공간 안으로 들어오고 있다고 생각했지만, 그녀가 그것을 알거나 말하려고 시도할 필요는 없다고 말했다—나는 그것을 볼 수 있었고 느낄 수 있었다. 그것은 고통스러운 것이었지만, 그녀가 그 고통과 그녀를 평생 부유하듯 살도록 만드는 데 사용했던 방어들에 접촉하기 위해서는, 그 고통이 필수적이라고 생각한다고 나는 말했다.

사회복지사는 그녀의 집 안에 먹을 것이라곤 없고, 에밀리는 씻지도 않았으며, 집안은 세금고지서를 포함해서 뜯지도 않은 청구서들이 여기저기 널려 있는 난장판이라고 보고했다. 사회복지사와 그의 동료들은 음식을 제공하고, 빨래를 해주고, 아파트와 서류들을 정리하는 데 도움을 주었다.

우리는 한 번에 90분 씩 주 7회의 만남을 삼 주 동안 계속했다. 그 다음에 두 달 동안, 5회 회기로 되돌아왔지만, 회기의 길이는 여전히 90분을 유지했다. 삼 개월 안에 에밀리는 그녀의 붕괴를 통과했다.

그녀는 그 기간 동안에 단지 며칠을 제외하고는 꾸준히 직장에 출근했다. 그녀가 보았던 환상 속의 장면인 초기 아동기와 관련된 엄마의 모습들은 그 전까지 묶여있던 정동을 풀어주었고, 그녀는 이러한 정신적 고통을 다시 경험해낼 수 있었다. 그녀의 신체적 자세는 바뀌었다: 이전에 그녀는 항상 뻣뻣하게 걸었지만, 마치 그녀가 더 많은 인간적 차원을 소통하기라도 하듯이, 지금은 더 당당해 보였고, 공간 안에서 더 자유롭게 움직였다.

하지만 그 후 이년 동안, 에밀리는 여전히 상당한 정신적 고통을 겪고 있었고, 그녀의 초기 상실에 대한 인식이 매 회기마다 계속해서 나타났다. 그녀는 항상 그녀의 아동기 박탈을 지적으로 이해했고, 성인으로서의 그녀의 비현실감이 그녀가 삶을 신뢰하지 못해서 스스로 삶에서 철수했기 때문이라는 사실을 알고 있었다. 그러나 그녀는 지금 자신이 어째서 항상 그렇게 살았었는지를, 정서적 경험을 통해서, 직접적으로 알고 있다.

붕괴를 겪고 있는 사람들의 변형 과정의 중요한 측면은, 그 사람의 자기 안에 있는 건강한 부분들과 동맹을 맺는 것인데, 그 이유는 그것이 새로운 자기가 출현하게 될 지지대가 될 것이기 때문이다. 에밀리의 경우, 이 동맹은 효과적으로 사용되었다. 그녀의 자아 자산들—그녀를 직장으로 가게 한 자기의 부분—을 우리가 인식한 것은 그녀로 하여금 새로운 정서적 현존을 부여받은 채로 그녀의 삶에서 전진하는 데 그것들을 사용할 수 있게 했다.

어떤 점에서, 붕괴와 회복은 정상적인 성장과 발달의 과정을 반영한다. 우리는 유아 상태에서 삶을 시작하고, 우리가 의존하는 그리고 우리를 돌보는 부모를 갖고 있지만, 우리는 또한 처음부터, 발달하는 자기의 핵을 갖고 있다. 두 가지 형태의 제공—외적으로는 부모로부터 그리고 내적으로는 성장하는 자아로부터 오는—모두가 자기의 발달에 필수적이다.

비록 내가 에밀리의 붕괴를 수용하기 위한 팀을 구성했고, 우리가 준비가 되었다고 느꼈지만, 나중에 나는 내가 지나치게 조심스러웠다는 것을 깨달았다. 사회복지사가 그녀의 생활 상태에 대해 보고했을 때, 그녀는 매우 심각한 상태였고, 좀 더 일찍이 그녀에게 도움을 주어야 했다는 것이 분명했다. 나는 곧 바로 행동을 취하지 못하고 그녀를 너무 오래 고통 속에 방치했고. 아이러니하게도, 더 일찍 행동하지 못하도록 나를 막았던 것은 부분적으로 분석적 침범일 수 있다고 우려되는 행동을 하는 것에 대한 나의 불안이었다.

의심의 여지없이, 나는 또한 내가 직면한 과제에 관해 걱정하고 있었다. 만약 역전이가 너무 강해진다면, 분석가는 그에게 부과되는 임상적 과제들을 해낼 수 없을 것이다. 무엇보다도 분석가는 프로이트가 매우 탁월하게 주창했던 명상적 자리(meditative position)에 있을 필요가 있다. 분석가는 피분석자의 자유연상과 성격의 표현들을 수용하기 위해, '고르게 떠있는 주의'에 도달하는 자신의 방식을 찾아야 할 것이다.

새로운 틀은 먼저 분석가가 환자에 대해 생각할 수 있고 환자를 돕는 데 필요한, 안정된 마음의 상태를 유지할 수 있도록 분석가를 돌보기 위해 마련된 것이다. 내가 에밀리와 함께 작업할 때, 나는 그녀의 일반의를 알지 못했고, 에드워드는 단 한 번을 만났었으며, 지원체계가 잘 운영될 것이라고 확신할 수 있을 정도로 사회복지 팀과 충분히 친숙하지 않았다. 나는 안전하게 안아주는 환경 안에 있지 못했다.

나는 에밀리의 상태 악화에 대한 나의 반응의 지연이 그녀의 고통의 기간을 더 연장시키는 것임을 깨달았다. 내가 준비가 더 잘 되어 있었더라면, 두 주 정도 걸렸을 일이 여러 달 동안 지속되었다. 그녀가 견뎌야 했던 정신적 고통은, 부분적으로, 제때에 적절하게 안아주는 환경을 제공하지 못한 나의 실패 때문이었고, 그 결과 그녀의 초기 아동기의 측면들이 재창조되었기 때문이었다.

  이 시기 이후로 나는, 내가 비슷한 상황에 처한다면, 집중적 분석을 시작하기 위해, 그리고 효과적인 돌봄 체계를 구축하기 위해 훨씬 더 빠르게 움직일 것이라고 결심했다.

제5장
안나

40대 중반인 안나는 몇 해 전부터 나에게 심리치료를 받고 있다. 생동적이고 낙천적이며 명석한 여성인 그녀는 런던에서 선도적인 IT 회사를 운영하고 있었다. 그녀는 혼자서 살았지만, 많은 친구들과 애인들이 있었다. 비록 결혼이나 일부일처제를 반대하지는 않았지만, 이성과의 장기적인 관계를 유지하는 데는 열의가 없었다.

어느 목요일, 그녀가 회기를 갖기 위해 3시에 도착했을 때, 나는 내가 본 것을 거의 믿기 어려웠다. 보통 아름답게 차려입고, 홍조를 띤 뺨과 표정이 풍부한 얼굴을 가진 그녀가 그날은 헝클어진 머리와 잿빛 얼굴로 표정 없이 있었다. 그녀는 의자에 앉아서 창백하게 미소지었고, 보통처럼, 서론적 언급을 시작했다.

'글쎄요 ... 오늘은 내가 무엇에 대해 말할 수 있을까요?'
'뭐가 잘못되었나요?'
'무슨 말씀이세요?'
'오늘 끔찍스럽게 보여요.'
'내가 그래요?'

'그걸 모르세요?'
'몰라요. 썩 좋은 느낌은 아니에요 …'
'이렇게 황량한 모습을 보는 것은 처음이에요.'
'아, 흠…' (그녀는 침묵했다).
'네?'
'어떤 일이 일어났어요. 그렇게 힘들 일은 아니에요. 나는 그게 겉으로 드러날 줄은 몰랐어요. 그래서 당신이 그것을 알아챘을 때 놀랐지만, 그것은 사소한 일이에요.'

안나가 말할 때 그녀의 입은 말라있었고, 나는 물 한 컵을 가져다가 그녀 옆에 있는 탁자에 올려놓았다. 그녀는 그 물을 들이켰고, 말을 하려고 노력했으며, 그 다음에 완전히 얼어붙었다. 그 후 10분 동안 그녀는 말없이 나를 응시했다. 그녀는 손을 입에 올려놓고서, 천장을 바라보면서, 억지로 말을 강요하기라도 하듯이, 두 손을 꼭 잡은 채 계속해서 말을 하려고 시도했다. 나는 그녀에게 괜찮다고 하면서, 기다리라고 말했다. 나는 상담실을 나가서, 그녀의 물 컵을 다시 채웠고, 나의 바깥쪽 문에 예기치 않은 상황으로 인해 그날 약속된 상담을 할 수 없다는 쪽지를 붙여놓았다. 나는 안나가 붕괴하고 있다는 것을 알았다.

삼십 분쯤 후에 그녀는 다시 말을 하려고 시도했지만, 제대로 말할 수가 없었고, 이것은 분명히 그녀의 불안의 수준을 상승시켰다. 나는 아무래도 괜찮으며, 그녀를 불편하게 만든 것이 무엇이든 간에, 그녀는 그것을 내게 말할 수 있는 충분히 시간을 갖고 있고, 그녀가 그런 시점에 도달할 수 있을 때까지 편히 있어도 된다고 말했다. 그녀는 고개를 끄덕였고, 뺨에는 눈물이 흘렀으며, 나를 응시했고, 천정을 응시했으며, 상담실 안을 둘러보다가 다양한 물건들에 시선을 고정시킨 다음에, 다시 눈물을 흘렸고, 더 오랫동안 침묵했으며, 나를 응시했다.

약 40분이 지난 다음에 그녀는 속삭였다: '크리스토퍼, 난 가야 해요. 시간이 거의 다 되었어요.' 그녀는 가방을 찾으려고 왼쪽으로 얼굴을 돌렸는데, 사실 그녀는 그것을 의자 뒤에 두었다. 나는 그녀에게 그날 다른 환자들을 만날 수 없게 되었다는 내용의 쪽지를 바깥문에 붙여놓았다고 말했고, 오후 6시까지 계속 머물 수 있으므로 긴장을 풀라고 말했다. 그녀는 항변하려고 시도했지만, 그럴 힘이 없었기 때문에 다시 의자에 털썩 주저앉았다. 나는 몇 분 동안 상담실 밖으로 나가서, 전화 응답기에 그날 회기를 취소한다는 메시지를 남겨놓았다. 그리고 상담실로 돌아가 그녀에게 물 한 컵을 더 건넸다.

두 시간쯤 지난 후에 그녀는 말은 할 수 있었지만, 그것은 전에는 볼 수 없었던 방식이었다. 늘 그러했던 쾌활함 대신에, 낮은 목소리와 거짓된 평온함으로 천천히 말했다. 그녀는 오랫동안 친한 친구인 그리젤다가, 그 전날에, 안나에 대해 '자기밖에 모르는 년'이고, 관계를 계속해야 할지 잘 모르겠다라는 말을 했다고 말했다. 안나는 잠시 멈추었고, 입술을 깨물었으며, 그 다음에는, 그것은 너무 충격적인 진술이어서 그 말을 믿을 수 없다고 말했다.

그때까지 분석에서 하나의 주제는 안나가 얼마나 많은 사람들의 사랑을 받고 있는가에 대한 것이었다. 그녀는 매우 인기가 많았고, 직장에서 사소한 일상적인 논쟁들을 별다른 어려움 없이 다루었다. 하지만 그녀는 무의식적인 자기-이상화에 빠졌고, 그녀의 친구가 한 말은 그녀의 자기감(sense of self)을 산산조각 냈다. 지금 내 앞에 앉아있는 사람은 새로운 끔찍스런 내적 장소에 있었다; 그녀는 완전히 텅 비어있고 아무런 자원도 갖고 있지 않은 사람처럼 보였다.

누군가가 붕괴를 겪어내도록 돕기 위해서 분석가가 갖고 있어야 할 얼마의 본질적인 요소들이 있는데, 그것들 중의 하나는 그 사람의 역사 안에 있는 갈등의 선*(line of conflict)*을 명료하게 이해하는 것이다. 붕괴가 일어날 때, 그것에서 벗어나는 길을 찾게 해주는 근본적인 요인들 중의 하나는, 무엇이 왜 일어나고 있는지를 정신분석가가 명료하게 설명해주는 것이다.

나는 안나에게 이렇게 말했다:

'지금까지 살아오면서 당신은 자신이 완벽한 사람이고, 모든 사람에게 사랑받는다고 믿어왔습니다. 당신이 멋진 사람이 아니면, 당신 자신이 아무것도 아니라고 느꼈기 때문입니다. 당신은 엄마를 미워했지만, 아버지를 이상화함으로써 자신을 구출했습니다. 그는 당신을 이상화했고, 청소년이 되었을 때 당신은 자신이 멋진 사람이라고 느낄 수 있었습니다. 당신은 누군가를 그토록 격렬하게 증오할 수 있는 당신의 부분을 감추기 위해서, 그래야만 했습니다. 그렇지 않으면 당신의 자기감을 잃어버릴 수 있었으니까요.'

정신분석에서 담아주는 환경의 가장 중요한 특징은 해석의 행위이다. 해석의 각 단계는 '정신분석적 안아주기'의 일부이다. 사람들은 단순히 공감적인 타자의 현존을 통해서가 아니라, 더 중요하게는, 어째서 이 사람이 그가 처한 상태에 고착되어 있는지에 대한 분석가의 지적인 이해를 통해서, 이해받는다고 느낀다. 실제로, 이 수준에서, 해석은 사랑의 한 형태이다. 한 사람의 삶에서 결정적인 시기에 이해받는 것은 사랑받는 것이다.

안나에게 해석을 해줄 때 나는 천천히 그리고 고요하게 말했다. 물론 나는 그녀에게, 이것이 언젠가 일어나게 되어 있고, 비록 고통스럽지만, 이상한 일이 아니라고 말해주었다. 이 의사소통은 필수적인데, 그 이유는 누군가가 붕괴를 시작할 때, 그는 붕괴를 촉발시킨 외상적 문제뿐 아니라, 그가 붕괴하고 있다는 사실에 대한 이차적인 공황반응도 다루어야하기 때문이다. 가장 해로운 것은 이러한 근원적 불안이고, 그것은 즉각적인 관심을 필요로 한다. 그 사람에게 그의 걱정이 이해할 만한 것이고, 그가 괜찮아질 것이라고 말해주는 것이 중요하다.

누군가에게 다 괜찮을 거라고 말해주는 것은 보통의 사회적 수준에서는 별다른 일이 아니지만, 그것은 정신분석이 부과하는 규칙을 어기는 것이다. 사회적인 통념에 따르면, 정신분석가는 그와 같은 말을 해서는 안 된다고 말한다. 그리고 나는 우리가 정말로 그렇게 믿지 않는 한, 그런 말을 해서는 *안 된다*는 견해에 동의한다. 우리는 추측이나 개연성에 기초해서 환자의 미래를 예언해서는 안 된다. 우리가 피분석자들에게 진실만을 말해야 할 의무가 있다고 말할 때, 그리고 우리가 때로 언급을 유보함으로써 생략에 의한 비진실을 선택한다고 해도, 그것은 기지(機智)의 문제이지 속이는 것이 아니다.

내가 안나에게 그런 일이 일어나는 것은 이해할 수 있는 것이고, 모든 것이 잘 될 것이라고 말했을 때, 나는 그것을 깊이 믿고 있었다. 나를 지원해주는 팀과 함께, 그리고 그녀가 붕괴를 통과하는 데 도움이 되는 한, 새벽부터 저녁까지 기꺼이 작업할 것임을 마음에 간직한 채, 나는 정신분석적 과정이 매우 효과적이고, 변형적이기 때문에, 그 작업을 해낼 것이라고 단순히 확신하고 있었다. 내가 이런 믿음을, 그리고 생명본능(발달적 과정)이 그들의 공황반응을 완화시켜주는 데 중요한 역할을 한다는 믿음을 환자에게 전달하는 것에 대해서, 나는 의심하지 않는다.

나는 안나에게 그녀가 붕괴를 겪고 있다는 것과, 우리가 할 일들과 취해야 할 단계들이 있다고 말해주었다. 나는 내가 전에도 사람들이 그것을 통과하는 것을 보았었고, 그런 상황에 처한 사람들과 작업하는 것이 나의 직업의 일부이지만, 우리가 이 일을 함께 해내기 위해서는 그녀가 나의 안내에 따라 협력해야 한다고 말했다.

나는 그녀가 그 다음날(금요일)에 해야 할 임무들을 모두 밀쳐두어야 하고, 나는 오전 9시부터 오후 6시까지 그녀와 함께 작업할 것이라고 말했다. 나는 그녀가 떠나기 전에, 그날 저녁에, 그녀가 전에 만난 적이 있는 닥터 브랜치를 만나도록 약속을 잡아놓겠다고 그녀에게 말했다. 그녀는 닥터 브랜치를 만난 다음, 집으로 가서 저녁을 먹고, 전화를 하거나 받지 말고, 잠을 잘 것이다. 닥터 브랜치에게 연락해보니, 그는 그녀를 만날 준비가 되어 있었다. 그는, 다시금, 에드워드에게 전화해서 오후 6시에 내 사무실에서 그녀를 태우도록 조처했다.

우리가 구체적인 시간에 끝낼 것이라고 말하는 것을 통해서 나는 두 가지 목표를 성취한다. 나는 이것이 경계가 뚜렷한 만남이고, 시간의 틀을 갖고 있다는 점을 분명히 한다. 이 시간-감각은 그 사람의 자아(self's ego)를 위해 매우 중요하며, 자아의 회복으로 가는 길의 일부를 구성한다. 무한성에 대한 두려움은 모든 붕괴의 시작에 따른 즉각적인 결과이다. 따라서 우리가 회기 시간을 연장할 때, 그 두려움은 그 사람이 매달려 있는 틀을 확고히 하는 것을 통해서 완화되어야만 한다. 만일 우리가 '걱정하지 말아요. 우리는 당신이 떠날 준비가 될 때까지 여기에 있을 겁니다'라고 말한다면, 이것은 환자를 그의 자아기능에 떠맡기는 것이 될 것이고, 이것은 단순히 더 심한 공황반응을 발생시킬 것이다.

하지만 이것은 단순히 치료적 장치가 아니었다. 나 자신이 생각한 이유는 단순한 것이었다: 만약 환자가 예정된 시간에 떠날 수 없다면, 그 사람이 붕괴를 통과하는 것을 볼 수가 없다는 것을 가리키는 것이고, 나는 그를 병원으로 보내야만 한다. 따라서 새로운 틀은 또한 나의 접근방식의 경계를 나타낸다.

숫자를 사용함으로써—'우리는 두 시간 후에 끝날 것입니다'보다는 '우리는 여섯 시에 끝날 것입니다'라고 말함으로써—나는 상징적 질서를 사용했다. 이것은 치료적 변형 과정에서 닻을 내리는 지점으로 기여했다. 9시에서 6시 사이에 무슨 일이 일어나든지—나는 지옥의 모든 일들이 펼쳐질 것임을 알고 있었다—, 이 숫자들은 우리가 함께 보낼 시간과, 붕괴를 하도록 무의식에 할당된 시간, 이 두 가지 한계 모두를 나타냈다. 나는 분석가가 시간과 공간의 보호자로서의 틀을 고수하는 한, 이 상태에 있는 사람들이 제공되는 것을 사용하는 방식에 대한 무의식적인 감각을 갖는다는 사실을 배웠다.

안나가 말했다: '그러나 크리스토퍼 … 나는 닥터 브랜치를 만나러 갈 수 없어요. 오늘 저녁에 중요한 국제 전화 컨퍼런스가 있어요. 그걸 놓칠 수는 없어요. 꼭 해야 해요.' 그녀는 직업적으로 매우 의욕이 강했고, 그녀에게는 하루에 15시간씩 주 6일을 일하는 것이 보통 있는 일이었다. 이미 말했듯이, 이 시점에서, 환자가 주요한 경계의 변화에 저항하는 것은 좋은 신호이다. 그것은 마치 자아가 '나는 이 일에 굴복하지 않을 거야. 나는 그것을 극복할 수 있어. 당신이 염려해주는 건 고맙지만, 난 괜찮을 거야'라고 말하기라도 하듯이, 삶이 무너지는 것에 대한 반항을 나타낸다. 궁극적으로, 그러한 내적인 자원들은 자기의 회복에, 일상적인 삶으로의 회귀에, 붕괴가 지닌 변형적 잠재력에 중요하게 사용될 것이다.

그러므로 분석가는 그런 저항들의 타당성을 확인해주는 것이 중요하다.

'보세요 안나, 나는 그것이 중요하다는 걸 알고 있고, 그렇게 하고 싶어 하는 당신의 소망을 존중합니다. 당신은 며칠 후에 그 컨퍼런스를 하게 될 겁니다. 그러나 지금은 아닙니다.'

그녀가 다시 저항했을 때, 나는 말했다: '당신은 그것을 할 수 있는 상태가 아니에요. 세상은 며칠 간 당신 없이도 괜찮을 거에요. 그리고 당신이 협력해주지 않으면, 내가 당신이 이 일을 겪어 내도록 도울 수 없습니다.'

이 순간이 붕괴하는 동안의 치료 조건들을 협상해야 할 때이다. 이 계약은 중요하다. 실천에서의 제안된 변화에 대한 환자의 저항을 타당한 것으로 인정해주고 공감해주고 나서, 다음 단계는 새로운 치료 계획에 대한 완전한 협력을 얻는 것이다. 그 계획들은 각각 다를 수밖에 없다: 무엇을 하는지, 얼마동안 계속되는지, 누가 참여할지 등에서 다를 것이다.

안나는 혼자 살고 있었는데, 매우 좋은 친구가 옆집에 이웃으로 살고 있었다. 나는 그 이웃이 안나를 지켜보는 일에 가장 좋은 사람이라는 것을 알고 있었다. 그 이웃은 그녀가 나와 분석을 하고 있는 것을 알고 있었고, 아주 예외적인 상황을 제외하고는 친구들이나 가족 구성원들에게 말하지 않는다는 것이 나의 원칙이기 때문에, 나는 안나에게 그 친구에게 전화해서 그날 밤 반시간 정도 함께 해줄 수 있는지 물어보라고 했다. 그 친구에게 자신이 힘든 시기를 겪고 있다는 것을 말하고 나서, 다음 며칠 동안 그녀의 집에 들러줄 수 있겠느냐고 요청하라는 것이다. 안나는 동의했고, 실제로 그녀의 친구는 그 다음 주 동안 중요한 조력자로 판명되었다.

6시가 되었다. 그녀의 행동거지는 변하지 않았다. 여전히 형편없어보였고, 정신이 없어보였지만, 미소를 지으면서 이렇게 말할 수 있었다: '크리스토퍼, 당신은 확실히 터프한 사람이에요.'

나는 그녀가 보통의 분석적 상황에서는 아마도 드러나지 않았을, 나의 인격의 한 측면을 보여준, 나의 협상하는 자세, 행동계획을 관철하려는 고집에 대해 말하고 있다는 것을 알았다. 이 순간은 모성적 돌봄과 부성적 구조의 조합을 포함한다. 분석가는 깊은 퇴행을 허용하고 담아줄 안아주는 환경을 제공하는 것과, 동시에 환자의 회복에 필요한 부성적이고 구조화하는 요소들을 제공하는 것 사이에서 균형을 유지해야만 한다.

에드워드는 안나를 닥터 브랜치에게 데려가기 위해 사무실 앞에서 대기하고 있었다. 앞으로 며칠 동안 에드워드는, 그녀가 혼자 있을 때조차도, 항상 그녀를 '돌보는' 또 다른 중요한 역할을 수행할 것이다. 내 상담실에서 닥터 브랜치의 사무실까지는 차로 20분 정도 걸리는데, 나는 안나가 어떻게 반응해야 할지―언제 말을 할지, 언제 그녀를 조용히 혼자 두어야 할지―를 알고 있는 사람과 함께 있기를 원했다.

나중에 내가 닥터 브랜치와 이야기했을 때, 그는 그것이 우울적 붕괴였고 안나는 거의 대처하지 못하는 상태였음을 확인해주었다.

하지만 나는 난감한 상황에 놓였다. 나는 다음날 오스텐 릭스(Austen Riggs)[1]에서 한 주 동안 강의와 슈퍼비전와 대중강연을 위해 뉴욕으로 떠나기로 예약되어 있었다. 나는 그 병원의 원장인 제랄드 프롬(Gerrard Fromm)에게 이메일로 유감스럽게도 정신붕괴를 겪는 환자로 인해 갈 수 없게 되었다는 메시지를 보냈다. 다음날 아침에 나는 특별한 이메일을 받았는데, 그것은 프롬 개인의 특징일 뿐 아니라 릭스 공동체의 정신 전체가 담겨 있는

---

[1] 병원의 명칭. 미국에서 가장 놀라운 정신분석학적 병원의 역사에 관한 독서에 관심을 갖고 있는 사람은 다음 서적을 보라: Kubie, Lawrence S., 1960, *The Riggs Story*, New York: Harper & Brothers.

것이었다. 그는 내가 그렇게 하는 것이 옳고, 그들은 내 접근방식을 지지하며, 그녀가 어떤 진전을 보이는지 그들에게 알려줄 것을 요청했다.

그 당시에 릭스에는 간호사들, 분석가들, 그리고 직원들이 모여 전날 밤에 있었던 일들을 보고하고 검토하는 아침 컨퍼런스가 있었다. 사람들이 그들이 경계선 환자들과 정신증 환자들을 돌보고 있는 현실에 다시 한 번 눈을 뜰 때쯤에는, 탁자 위 여기저기에는 일회용 커피 잔들이 놓여 있었고, 직원들의 블랙유머는 그 자리의 모든 사람들에게 보고에 대한 불안들을 완화시켜 주었다.

그들이 내가 런던에서 하고 있는 일을 알고 있고, 방문을 취소하는 것이 나에게 어떤 의미인지를 알고 있다는 것은 릭스의 공감수준이 어떤 것인지를 보여준다. 나는 매일 내 환자가 어떤지를 알려주는 짤막한 메시지를 보냈고, 그것은 마치 나의 환자와 내가 그 공동체의 일원인 것처럼 그들의 회의에 포함되었다. 나는 매우 감동을 받았고, 그것은 나를 안아주는 환경의 중요한 부분이었다.

다음날 아침에 에드워드는 안나를 상담실로 데려다주었고, 우리는 아홉 시에 시작했다. 여기에서 제시된 모든 환자들에게 그렇듯이, 비밀엄수의 의무 때문에, 내가 원하는 만큼 많은 세부사항들을 제공하는 것이 불가능하기 때문에, 나는 아래와 같이 간략하게 요약하겠다.

안나는 몇 시간 동안 말하는 것이 힘들었다. 나는 그녀의 의자 옆에 물병들을 놓아두었고, 그녀는 그것들을 차례로 비웠다.[2]

---

[2] 나는 항상 충분한 물을 제공한다. 힘든 상황에 있을 때 사람들은 쉽게 탈수증에 걸리기 때문에, 그 점에서 그것은 유익한 것이지만, 또한 분석의 이 시기 동안에 그것은 또한 하나의 중요한 상징적 제공이다.

이따금씩 그녀는 말하려고 시도했고, 그 다음에는 마치 말이 나올 수 있기 전에 먼저 그녀의 신체를 확인하려고 시도하기라도 하듯이, 의자에 털썩 주저앉아서, 다리를 뻗은 채로, 두 손을 꼭 움켜쥐고 있었다. 나는 가끔씩 '시간을 가지세요. 급할 것 없습니다' 라고 말했고, 그러면 그녀는 의자에서 다시 긴장을 풀었고, 시선을 허공으로 향했다. 그때 '맞아!' 라는 말이 입에서 튀어나왔고, 그녀는 그녀의 친구가 무슨 말을 했는지, 어디에서 그 말을 했는지, 어째서 그 말이 그렇게 힘들게 했는지를 보다 상세하게 말하기 시작했다. 그녀가 나를 바라보았는데, 그녀의 뺨에는 눈물이 흐르고 있었다.

'사람들이 어떻게 그토록 끔찍할 수 있을까요? 그렇게 충실한 친구가 어떻게 그런 … 같은 것이 될 수가 …'

'똥 같은?'

'네. 어떻게 그런 똥 같은 것이 될 수 있죠?'

'글쎄, 모르겠네요. 그리젤다를 모르겠어요. 친구들이 많아서 그들의 소식을 다 아는 것은 어려워요.'

'나는 그녀가 나에게 화낼 만한 일을 한 적이 없고, 그런 말을 한 적도 없어요.'

'그렇군요, 하지만 당신은 당신을 좋아하는 사람들로 구성된 훌륭한 공동체의 구심점인 것 같은데요.'

'그 말이 무슨 뜻이죠?'

'사람들은 당신을 사랑합니다. 당신은 그런 사실을 사랑하죠. 그리젤다가 화가 났을 것 같은데요.'

'무슨 말씀이세요? 내 말은, 내가 그녀가 나에게 그런 말을 할 만한 빌미를 준 적이 없다는 거예요. 결코 난 그러지 않았어요.'

'그래서 아마 그녀가 그런 식으로 말했을 거예요.'

'나는 꽉 막힌 사람이 아니에요! 나는 사람들이 무슨 말을 하

든 열려있는 사람이에요. [중지] 크리스토퍼, 당신은 내가 말이 통하지 않는 사람 같나요?'
 '예, 그래요.'
 '그렇다고요?'
 '예. 당신은 잘났고 자신만만하죠. 나는 언제 당신의 기분이 저조하고, 일이 잘 풀리지 않을 때, 당신 안에서 무슨 일이 일어나는지 알 길이 전혀 없어요.'
 '글쎄, 엿이나 먹으세요.'
 '음'
 '그러니까 … 내 말은 … 정말이요? 당신이 모른다고? "내 기분이 저조할 때"라는 게 무슨 의미죠? 무슨 말을 하는 거예요?'
 '안나, 당신은 비현실적일 수 있어요. 당신은 마치 인생이 행복한 캠프여행인 것처럼 삶을 살아가려고 하죠. 그리고 당신은 나에게서 거리를 두는 것처럼, 사람들에게서 거리를 두는 것을 통해서 그렇게 할 수 있죠. 당신은 멋지고, 강하고, 훌륭합니다; 당신 안에는 건강한 것들이 많이 있어요. 그러나 … 그런 당신은 가짜일 수도 있어요.'
 '그건 잘 모르겠는데요. 모르겠어요 … 내 말은 …'
 이 시점에서 그녀는 점점 말이 적어지더니, 한동안 말을 중단했고, 또 한 병의 물을 마셨으며, 화장실에 갔다가 다시 돌아왔고, 자리에 앉았으며, 그리고는 흐느껴 울기 시작했다. 그 울음은 한 시간 정도 느리고 리듬감 있게 계속되다가, 멈추었다. 그때가 12시 30분이었고, 점심을 먹을 시간이었다. 나는 1시 15분에 다시 오겠다고 말했다. 거리의 모퉁이에는 그녀가 샌드위치를 사 먹을 수 있는 카페가 있었고, 그녀는 정시에 돌아왔다.
 휴식시간을 갖는 것은 매우 중요하다; 주말 동안이든, 휴일 동안이든, 심지어 한 시간 동안이든, 휴식은 자리의 변화를 가져다

주고, 이것은 새로운 관점을 가져다준다. 환자는 다르게 생각하기 위해서 다른 사람으로부터 벗어날 필요가 있다.

안나는 내가 한 말에 대해 곰곰이 생각하고 있었고, 그 말을 자신의 생각으로 변형시키고 있었다. 한 시간 동안 그녀는 아무 말도 하지 않았지만, 덜 우울해보였고, 사려 깊은 사람처럼 보였다.

'좋아요. 알겠어요. 내가 비현실적이라는 당신의 말은 옳다고 *생각해요*. 나는 그것을 알아요. 항상 알고 있었다고 생각해요. 그러나 크리스토퍼, 나는 그것에 관해 무엇을 해야 할지 몰랐어요. 그게 항상 영향을 끼쳤던 것 같아요. 그것이 집을 평화롭게 했고, 나의 아빠를 행복하게 했으며, 엄마에게 먹히지 않도록 나를 지켜주었고, 십 년 이상 멋진 남자들과 대단한 섹스를 하게 했죠. 인생은 위대했고, 나는 잘 해왔어요. 그런데 …'

'당신은 계속해서 움직이고 있고, 뛰고 있어요. 그래서 당신 자신에 대해 생각할 기회가 없어요.

'글쎄요, 누가 그걸 원할까요? [그녀는 웃었다] 내 말은 … 좋아요, 당신이 옳아요. 그러나 관계들이 정말로 잘 될지 모르겠네요 … 나는 내가 혼자라는 걸 알아요. 하지만 나는 이것이 좋아요.'

안나는 마치 등 뒤에서 한 방 맞은 것 같았다. 그녀는 기침을 했고, 몸을 앞으로 기울였으며, 다시 몸을 펴고는, 나를 똑바로 바라보았고, 미소 지었으며, 울음을 터뜨렸고, 흐느꼈다. 십분 후에 그녀가 말했다:

'오, 젠장, 크리스토퍼, 내가 뭘 하고 있는 거죠?'

'당신은 잘하고 있어요.'

'나는 큰 곤경에 처했어요.'

'약간의 곤경이죠.'

'뭐라구요! 약간이라고요?'

'훨씬 더 심각한 경우를 본 적이 있거든요.'

'대단하네요, 운도 좋으세요!'

그녀는 15분 정도 말이 없었고, 좀 더 물을 더 마셨다. 그러고 나서 그녀의 엄마, 그녀의 아동기, 그리고 그녀의 성인기 초기 대해 길게 이야기했다.

5시 55분에, 나는 오 분 후에 회기가 끝이 난다고 알려주었다. 에드워드가 그녀를 택시에 태워 집으로 데려다주었다. 그녀는 약속한대로 닥터 브랜치에게 전화를 했고, 그녀의 이웃과 함께 저녁을 먹고 지쳐서 침대에 누웠고, 밤새 깨지 않고 잠을 잤다.

회기는 잘 진행되었다. 안나는 자신이 해체되었었다는 것, 그녀의 예전의 자기는 끝이 났다는 것, 그리고 새로운 자기가 출현하고 있다는 것을 알고 있었다. 또는, 달리 말해서, 그녀의 엄마에 대한 아동기 증오를 방어하기 위한 방어들에서 파생된 거짓자기가 붕괴되었고, 그녀 자신에게 좀 더 진정된 것이 출현하고 있었다. 비록 회기 중에 우려되는 시간들은 있었지만—그녀가 멍해지고 스스로를 비워버리고 있는 것처럼 보였을 때—그녀는 항상 돌아왔다.

나의 언급들은 종종 직면하고 핵심을 찌르는 것이었는데, 그것은 대화에서 발생하는 고유한 표현들은 종종 이런 순간들에 직관적으로 정확해 보이기 때문이다. 간결성과 솔직성의 부수적인 작용은 그것이 소화될 수 있는 것이고(일종의 심리적 소리자극), 만약 애정과 함께 주어진다면, 그것은 피분석자 안에서 정동을 발생시키고, 생성적인 공격성3)을 활성화시킨다. 이 공격성은 인간이 되는 데 필수적인 놀이의 일부이다. 그것은 푹신하고, 이상화된, 쎄써미 스트릿 놀이(Sesame Street play)가 아니라, 재치

---

3) 위니캇은 공격성을 운동성과 비슷한 것으로 보았다. 그것은 본질적이고, 필수적인, 무자비한 방식으로 대상을 사용하는 자기의 능력을 가리킨다; 관계적인 미묘함 한 복판에서 참 자기가 그 자체가 되는 수단.

와 진실의 놀이이다: 사물의 본질에 접촉하는 놀이. 농담이 그렇듯이, 이런 종류의 놀이는 자기의 많은 무의식적인 몰두들을 간결한 것으로 압축시키는 정서적 경험이다.

그런 놀이는 자아 대 자아의 관계 안에서 발생한다. 나의 언급들과 그녀의 언급들은 거듭해서 그녀의 정동을 끌어모으고 있는, 사고의 계속되는 움직임의 일부였다. 그녀가 우울증의 심연으로 내려가고 있을 때조차도, 그녀는 동시적으로, 그 경험에서 출현하는 새로운 자기를 건설하고 있었다. 물론 그녀는 이것을 알지 못했지만, 나는 알고 있었고, 이때쯤에는 그런 특징—정신붕괴 가운데 회복의 현존—을 여러 번 목격했고, 그것에 대해 편하게 느낄 수 있었다.

일요일에 안나는 9시에 도착했다. 그녀는 고통스러웠다.

'크리스토퍼, 내가 똥을 쌌어요.'

'그래요.'

'나는 … 나는 … 오늘 아침에 침대에 있었어요. 그리고 아무 생각 없이, 아무 것도 알지 못한 채로요. 그런데 갑자기 똥물이 사방으로 흘렀고, 내 몸을 덮었어요.'

'심란했군요.'

'그 말로는 부족하죠. 나는 처음에 그 사실을 믿을 수 없었지만, 곧 그것을 믿었어요. 그래서 나는 일어나서 샤워실로 갔고, 똥을 모두 씻어냈어요. 그리고 침대로 가서 시트를 모두 걷어서 세탁기에 넣었어요. 그리고 … 그러니까 ….'

'그래서 당신이 모두 처리했군요.'

'예, 하지만 내가 똥을 쌌어요. 그건 중요해요. 그건 내가 정말 큰일 났다는 거죠.'

'안나, 나는 그게 좋은 일이라고 생각해요.'

'뭐라구요?'

'당신은 자기-통제를 너무 심하게 해왔고, 모든 똥을 당신 안에 간직하고 있었던 거예요. 당신이 잘 쉬었고, 평온했으며, 그래서 그 똥의 일부를 흘려보낼 수 있을 만치 자유로웠던 거죠.'

'농담하시는 거죠?'

'물론 아닙니다.'

'그러나 그런 식으로 똥을 싸면서 지낼 수는 없어요.'

'안나, 실제로 나는 당신이 지금 하는 것보다 좀 더 많이 똥을 싼다면 좋을 거라고 생각해요.'

이 시점에서 안나는 큰 소리로 웃었고, 십 분 동안 계속해서 낄낄대며 웃었다.

'맞아요. 이제 알겠어요. 이 과정은 내가 똥처럼 느껴지는 여기에서 나와야 했고, 그 다음에 그 똥을 뒤집어써야 했던 것이고, 그게 좋은 일이라는 거네요. 맞나요?'

'좀 생각해봐야겠는데요.'

'내가 당신을 난처하게 했군요.'

'예.'

'내가 잘한 거네요!'

어느 정도 시간이 지났을 때, 나는 이렇게 말했다:

'당신이 하는 말은 정말 매우 심오하다고 생각해요. 나는 당신이 덜 요란하게 깨끗하고 좀 더 실제적일 수 있다면, 어쩌면 당신이 똥 부스러기이고, 똥 같은 생각을 갖고 있다는 것을 드러낸다면, 그리젤다와 같은 친구들이 당신이 눈에 거슬리게 좋은 사람인 척 한다는 이유로 당신에게 한 방 먹이지 않았을 거라고 생각해요.'

안나는 계속 침묵했다. 그녀는 내가 전에 보았던 자세로 왼쪽을 바라보았고, 그 다음에 방을 둘러보았는데, 그것은 '나는 그 말에 대해 정말로 생각하고 있다'는 뜻을 담고 있었다. 그

러고 나서 십 분 후에 이렇게 말했다:

 '알 것 같아요. 나의 시대정신이 작동하지 않는 겁니다. 나는 내가 멋진 사람이 아니라는 것을 알면서, 내가 멋진 사람이라고 생각하도록 사람들을 속일 수는 없어요. 그들은 내가 그렇지 않다는 걸 알아요. 그러니 내가 현실을 받아들여야 해요. 알겠어요. 그럼 내가 얼마나 더 오랫동안 여기에 있어야 한다고 생각하세요? 내 말은 내가 알아들었다고 생각하는데, 그렇다면 나는 지금, 아니면 한 시간 쯤 후에 갈 수 있겠죠. 맞나요?'

 '그런데, 안나, 당신은 지금 우리에게 무언가를 보여주었어요: 당신이 빨리 배우는 데 있어서 일종의 예술가라는 사실을요. 당신은 핵심을 이해했고, 지금 여기에서 빠져나오는 데, 그리고 그 지점에서 탈출하는 데 그것을 사용하고 있어요; 지적인 통찰로 그것을 축소하기 위해서요.'

 '오, 제기랄.'

 '그래요.'

 '그러니까 당신은 내가 한 말을 믿지 않는군요?'

 '아니요. 난 당신을 믿어요. 그러나 나는 당신이 이제 막 도달한 통찰 안에 있는 정서적 경험을 회피하기 위해서, 당신의 마음을 착취하고 있다고 생각해요.'

 '그게 무슨 의미죠?'

 '나는 당신이 가능한 한 빨리 이 방에서 나가려고 시도하고 있다고 생각합니다. 내가 지금 발생하고 있다고 생각하는, 회복에 대한 첫 감각과 함께, 당신은 당신의 가족으로부터 급하게 도망쳤던 것처럼, 여기에서도 도망치려고 하고 있어요; 당신의 마음 안에서, 그리고 당신의 가족 안에서 발생하고 있는 똥을 처리하는 과정을 실제로 통과하기 전에 도망쳤던 것처럼 말이에요.'

'맙소사, 때로 나는 당신을 죽이고 싶어요. 당신은 더럽게 명민하네요. 정말 짜증나요.'

'안나, 그건 내가 명민해서가 아니에요. 당신이 방금 지금 여기에서 행한 것은 명백합니다. 그것이 당신의 친구들이 본 거예요. 그리고 기억하세요 … 당신이 그걸 나에게 보여주려고 고른 거예요. 그러니 그건 정말로 당신의 정직성 깊은 데서 온 거예요.'

한 시간 정도 침묵이 이어졌다. 이 순간은 설명하기는 어렵지만, 변형적이었다. 안나는 통찰을 얻었지만, 도망치기 위해서 지능을 사용했고, 나는 그런 그녀와 맞서주었다. 내가 그 사실을 알아챈 것은 내가 영리해서가 아니라, 그녀가 스스로 드러냈기 때문임을 지적하면서, 나는 자신의 문제들을 거짓되고 조적인 해결책으로 도피하고 싶었던 부분이 아니라, 자신에 대해 정말로 작업하고 싶어 했던 그녀의 부분의 편에 섰다.

안나는 사흘 동안 오전 9시부터 오후 6시까지 나와 만났다. 마지막 날이 거의 끝나갈 무렵, 그녀는 그녀의 붕괴의 핵심에서 회복되었고, 나는 그녀에게 다음 두 주 동안, 토요일을 포함해서 매일 한 회기에 45분씩 만나고 싶다고 말했다. 나는 그녀에게 종결 날짜를 말해주었다. 그때까지 나는 닥터 브랜치와 상의했고, 안나는 나에게 옆 집 친구의 평가('나는 네가 이것을 극복하고 있다고 생각해, 안나')를 전해주었다. 그리고 그런 시간의 틀이 자아에게 적절한 것처럼 보였다.

두 주 후에 우리는 보통의 회기 시간으로 되돌아갔다.

안나의 붕괴는 피할 수 없는 것이었다. 실제로 나는 그것이 더 일찍 발생하지 않았던 것은 오직 그녀의 자아가 놀라울 정도로 강했기 때문이었다고 생각한다. 그것이 발생했던 이유는 그녀가 심리치료를 받고 있었고, 몇 가지 사건들이 우연히 겹쳤기 때문이었다: 그것들 중의 하나는 마침 내가 일주일 동안 떠나있을 것이라는 전망이었다. 우리 두 사람 모두가 이것에서 많은 것을 배웠지만, 변형을 가져온 것은 환자가 스스로에 대해 배운 것이다. 자기의 붕괴를 통해서 얻은 배움은 깊은 정서적 배움이다. 그것은 자기의 진실에 의해 흠뻑 젖은 생각이고, 나의 경험이 말해주는 것은, 정신분석가가 이런 변화의 시기 동안 그 사람과 함께 있어주는 한, 그것은 효과가 있을 것이라는 사실이다.

에밀리와 안나의 경우, 그들의 붕괴는 갑작스런 것이었고, 직접적인 외상적 경험에서 유래한 것이었다. 하지만 그 두 경우 모두에서, 나는 그들의 인격 안에 근본적 결함들이 존재한다는 것을 알고 있었다. 비록 우리가 그것들이 현실에 의해서 충격을 받지 않았더라면 과연 어떻게 되었을지 알 수 없지만, 나는 그들이 바닥을 치게 되고 무기력해지는 것은 단지 시간문제였다고 생각한다. 분석의 구조—그들의 삶과, 그것이 나 자신에게로 옮겨진 전이에 대한 해석의 형태 안에서—는 위기 이전에 자리 잡고 있던 모체를 구성했고, 붕괴를 겪는 사람들과 작업에서 중요한 것은 분석의 이러한 평범한 측면들이다.

제6장
마크

마크는 매우 성공적이고, 은둔적이지만, 상황에 따라서는 사회적으로 매우 기민하고 매력적인 유명한 화가이다. 그는 단 한 번도 사랑을 해본 적이 없는 문제로 중년기에 분석을 시작했다. 친구들은 그가 거리를 두는 알 수 없는 사람이라고 말했고 그는 친구들의 견해에 동의했다. 비록 그림 그리는 것을 좋아했지만, 그것조차도 창조적 행동이기보다 상업적인 산물처럼 느껴지기 시작했다.

그는 자유연상을 좋아했고, 매우 생산적인 피분석자였으며, 분석을 시작한지 2년이 되었을 때 자신에 대한 새로운 통찰들을 얻었고, 데이트를 시작했으며, 관계에서의 실패를 통해서 배웠다. 전이와 관련해서, 그는 비록 이따금씩 여행을 할 때면 따뜻함과 애정과 감사가 담긴 편지들을 썼지만, 나에게서 중립적인 거리를 유지했다.

그때, 인생의 과정에서, 그는 런던을 떠나 시애틀로 이사하게 되었고, 우리가 전화로 분석을 계속할 수 있는지에 대해 물었다. 당시에 나는 전화로 분석을 수행하는 데 회의적이었지만 효과가 있을지 알아보기 위해 시도해보는 데 동의했다. 우리는 그가 런던으로 와서 직접 만날 수 있는 날짜를 정했고, 마침 시애틀에서 내가 세미나를 했었고, 그래서 그곳에 학생들을 가르치기 위해 장소를 빌려 놓고 있었기 때문에 그곳에서 그를 만날 수 있었다.

  2년 간, 마크는 계속해서 긍정적인 변화를 만들어냈다. 가장 중요하게는, 그가 인생에서 처음으로 사랑에 빠졌었고, 우리는 그때까지 왜 그런 일이 일어날 수 없었는지를 이해했다. 그의 엄마는 그가 네 살 때까지 우울증을 겪었고, 열두 살에 그는 소원(疏遠)했던 아버지의 죽음을 다루어야만 했다. 그때 마크는 얼어붙었고, 누구에게도 결코 정을 주지 않겠다고 결심했다. 그는 어머니에게 정중했지만, 어릴 적에 그를 안아주는 데 실패했던 일에 대해 깊고 완강한 격노를 느꼈다. 그는 자신이 거의 극단적인 독립을 통해서만 자신이 성공했다고 믿고 있었다. 여성들이 그에게 사랑에 빠졌을 때—이런 일은 빈번했다—그는 그녀들이 자신에 대한 그의 충성심을 방해하고 있다고 느꼈기 때문에, 즉각적으로 그녀들을 증오했다. 그는 자신의 작품 전시회 오프닝에 참석하지 않았다. 사람들이 그의 성공을 이용한다고 느꼈고, 그의 작품이 그다지 좋지 않다면 아무도 관심을 갖지 않을 거라고 생각하면서 자기 집안으로 철수했다.

  따라서 마크가 조이스와 사랑에 빠졌을 때, 그는 완전히 새로운 영역으로 들어왔고, 그 관계는 풍파가 끊이지 않았다. 그녀는 그보다 열다섯 살 어린 아티스트였고, 이국적이었고, 성적인 매력이 풍부했다. 그녀는 그의 습관을 공유하고 있었는데, 그가 사라지는 것처럼 그녀도 사라지곤 했다. 조이스의 개성의 일부인 이것은 그 자신의 거울 이미지로서 마크의 갑옷을 벗겨주었지만, 또한 그 자신 안에서 극심한 불안을 발생시켰다. 그가 엄마를 향한 복수심에 찬 증오를 조이스에게 투사하는 사실에 대한 분석은 그녀가 사라지는 것에 그가 보이는 반응에 대해 얼마의 관점을 갖게 해주었고, 그것이 그에게 의존하는 것에 대한 그녀의 두려움으로부터 회복하고자 하는 그녀의 시도라는 것을 이해할 수 있게 해주었다. 그러나 그는 심하게 고통 받았다.

일 년을 함께 살면서 두 사람 모두 퇴행했다. 조이스는 조적이고 폭력적이 되어 그에게 물건들을 던지고 공적인 장소들에서 그에게 소리를 질렀고, 마크는 그가 잘 알고 있고, 그의 부모에게 맞서기 위해 사용했던 곳인, 상처를 배양하는 곳으로 들어가는 것으로 반응했다. 그러나 점점 더 그 방식은 제대로 작동하지 않았다. 그는 갑자기 격노에 휘말렸고, 한 번은 그들의 아파트의 가구 대부분을 박살냈고, 그런 다음 몇 시간 동안 태아의 자세로 쓰러져 있다가 아파트를 뛰쳐나갔다.

그때 마크는 조이스가 도둑이었다는 것을 발견하고는 공포에 빠졌다. 그녀는 단순한 좀도둑이 아니라 거의 프로 수준이었다. 그는 우연히 그녀가 숨겨둔 훔친 보석을 보게 되었고 그녀에게 다그치자 그녀는 물론 그것이 그들이 참석했던 파티에서 훔친 것이라고 말했다. 그렇지 않다면 그녀가 어떻게 그런 생활을 유지할 수 있었겠는가? 그는 성공한 사람일지 모르지만 그녀는 아니었고, 그녀는 돈이 필요했다.

마크는 그녀와의 관계를 끝내기로 결정했고, 자신 안에 있는 오래된 그의 거절 방식들을 불러냈다. 그는 누군가를 꽁꽁 얼어붙게 하는 법을 알고 있었고, 그의 부모에게도 여러 번 그것을 사용했었지만, 그 방식이 먹히지 않는다는 것은 명백했다. 그는 여전히 조이스를 사랑했다. 우리가 전화로 말하는 동안, 긴 침묵의 순간들이 있었는데, 나는 그 동안 제거된 존재라는 느낌이 아니라, 무력감이 짙어지는 느낌을 가졌다. 어느 수요일 회기 동안에 마크가 붕괴하고 있다는 것이 명백했고, 나는 다음날 오후 4시에 그를 보겠다고 말했다. 나는 다음날 어렵게 시애틀 행 비행기를 탈 수 있었고, 호텔에서 그를 만났다.

내가 그를 다음날 만나겠다는 말에 그가 어떤 저항도 하지 않았던 것은 놀라운 일이었지만, 우리가 만났을 때 그 이유를 아는 것은 어렵지 않았다. 내가 호텔 로비에서 그에게 손을 흔들며 인사했을 때, 그는 움직이지 않았다. 나는 그에게 다가가서 말했다, '이쪽으로 오시죠.' 그러자 그는 좀비처럼 나를 따라왔다.

우리는 오후 4시에서 6시까지 이야기를 나누었다. 나는 우리가 매일 오전 9시에서 오후 6시까지 한 시간 정도의 점심시간을 제외하고는 계속해서 작업을 할 것이라고 말했다. 그리고 위기를 통과하는 데 얼마나 걸릴지 모르지만, 그건 걱정할 문제가 아니라고 했다. 우리는 기본적인 규칙에 대해 확인했다. 나는 그가 회기에 올 때 운전을 해서 오는 것을 원하지 않았기에, 택시를 이용할 수 있는지를 물었다. 나는 그가 붕괴 중에 있다고 생각한다고 말했고, 그는 고개를 끄덕였다. 또한 우리가 앞으로 며칠 동안 힘든 날들을 보내겠지만, 그가 끝까지 버틸 수 있다면, 우리는 잘해낼 것으로 확신한다고 말했다. 나는 나의 세미나에서 알게 된 그 지역의 정신과의사/정신분석가에게 연락을 했고, 그는 내가 그를 필요로 할 경우 항상 도울 것을 약속했다. 나는 내가 이용할 수 있는 지역 병원을 알고 있었고, 호텔은 좋은 택시회사를 연결해주었다.

다음날 아침에 마크는 오전 9시 정각에 도착했다. 그는 더 차분했고 멋진 복장을 하고 있었다. 우리는 상담실에 도착했고, 그는 물병들이 가지런히 놓여있는 것을 보고 '고맙습니다. 친절하군요'라고 말했다. 그는 카우치에 누웠고, 나는 그의 뒤에 앉았다. 그는 처음 15분가량 아무 말도 하지 않았지만, 여러 차례 물을 마셨다. 매번 물병을 집중해서 바라보면서 아주 조심스럽게 물병 뚜껑을 다시 닫았다.

'자!' 그가 웃었고, 그 다음에 말했다. '그러면 어디에서 시작하죠?'

그러나 그가 벽 쪽을 향해 돌아눕고 말로 서술할 수 없는 소리를 내기 전까지는 거의 아무 말도 하지 못했다. 그것은 강렬한 흐느낌으로 터져 나오는 소리의 분출로서 두 시간 정도 지속되었다. 때때로 그는 잠시 멈추었고, 가끔씩 물을 마셨으며, 한두 번 정도 화장실에 갔다가 다시 카우치로 돌아와서 벽 쪽을 향해 눕고는 흐느껴 울기를 계속했다. 그는 말을 할 수 없었고, 나는 아무 말도 하지 않았다.

나중에 그가 말을 하기 시작했을 때, 그는 쉰 목소리를 냈고, 그것은 마치 감정에 의해 막혀있는 것 같았다. '어째서?' 그는 다음 오 분 정도를 그 말을 반복했다. '난 그녀를 사랑해요. 그녀는 왜 이것을 했을까요?' 비록 그가 이것을 큰 소리로 말했지만, 그것을 대답을 듣기 위해 나에게 한 질문이 아니었고, 그래서 나는 조용히 있었다. 금새 정오가 되었고, 그는 한 시간 동안 점심을 먹으러 나갔고, 우리는 1시에 작업을 재개했다.

그날 나머지 시간 동안은 다를 것이 없었다. 그의 말들은 계속해서 기본적으로 수사적인 것이었고, 나는 그것이 자기를 회복하는 데 있어서 본질적인 기능이라는 것을 발견했다. 피분석자는 분석가가 말을 시작하기 훨씬 전에, 먼저 자신의 생각들을 들어야만 하고, 그런 생각들이 정신분석 공간 안에서 메아리치게 해야만 한다. 이것이 현재의 위기에 대한 반응으로부터 그것이 활성화시킨 근저의 외상으로 옮겨가는 중간부분을 형성한다. 일차적인 연결은 피분석자의 정동에 의해 이루어질 것이고, 이것 이후에 분석가가 말하는 것은 전적으로 다른 의미를 가질 것이다.

오후 4시 경 마크는 더 많이 생각에 잠기게 되었다. 그는 그날 대부분을 흐느껴 울었고, 물을 작은 병으로 일곱 병을 마셨으며, 비록 잠이 들지 않은 채 오랫동안 가만히 있는 기간들이 있었지만, 종종 카우치에 몸을 던지고 그 위에서 뒤척였다. 그 다음에 그는 고요한 목소리로 참 이상하다고 말했다; 그는 그녀를 거절해야만 했고, 그렇게 하고 싶지 않았으며, 버림받았다고 느끼는 것은 그 자신이었다.

'나는 참 이상하다고 생각해요. 왜냐하면 과거에 나는 아무도 나에게 다가오도록 허용하지 않았고, 또는 그들 면전에서 문을 꽝 닫았죠. 그리고 그게 만족스럽게 느껴졌어요. 나는 그들에게 상처를 주고 싶었어요. 나는 조이스에게 상처를 주고 싶지 않아요. 그녀를 사랑해요. 나는 그녀를 거절해야만 했어요. 하지만 내가 그것을 견딜 수 있을지 확신이 없어요.'

'만약 당신의 한 살짜리 자기가 엄마의 우울증과 냉정함 때문에 엄마를 거절해야만 했던 것에 대해 말할 수 있었다면, 그렇게 말했을 거예요.'

'내가 엄마를 거절해야만 했는데, 오히려 내가 버림받았다고 느낀 것 말인가요?'

'예, 나는 그렇게 생각해요.'

'선생님의 말이 정말 맞는 것 같네요. 엄마는 나쁜 여자가 아니었어요. 그녀는 …'

이 시점에서 그는 침묵했고, 다시금 한 시간 동안 흐느껴 울었다.

그가 자신의 엄마에 대한 느낌을 표현한 것은 내가 그와 알고 지낸 모든 세월을 통 털어서 이번이 처음이었고, 지금 그는 지연된 슬픔에 깊이 빠져들었다.

금세 여섯 시가 되었다고 느꼈다. 나는 5분 후면 회기를 끝낼 것이라고 알려주었다. 나는 그가 곧장 집으로 가서 좀 먹고 일찍

잤으면 좋겠다고 말했고, 다음날 오전 9시에 보자고 말했다. 그는 아무 말도 하지 않았고, 어깨를 움츠린 채, 기진맥진한 얼굴로 방을 떠났다.

그는 다음날 오전 정시에 도착해서, 어젯밤에 십 분 정도 간단하게 먹고 잠자리에 들었으며, 열두 시간 동안 잠을 잤다고 말했다. 나는 경험을 통해서 이것이 온종일 회기에 따른 흔한 결과라는 것을 알고 있었다. 환자는 분석으로 인해 지친 상태로 대개는 깨지 않고 잠을 잔다.

그는 할 말이 없어서 미안하다고 말했다. 약 삼십 분 가량 침묵이 흘렀고, 그는 생수병에서 물을 마셨고, 화장실로 갔다가 평온한 표정으로 돌아왔다.

'나는 나의 거절이 나에 대한 유기가 된 것에 대해 생각하고 있어요. 나는 평생 동안 그것을 해왔던 것 같아요. 아니 수정할게요. 나는 아이 시절에 그것이 나의 두 번째 본성이 될 때까지 상당히 오랫동안 그렇게 했어요. 나는 그렇게 하는 것에서 쾌감을 느꼈을 뿐이고, 더 이상 내가 버림받았다고는 느끼지 않았지만, 다른 사람들이 나의 버림받음을 대신 경험해야 했죠. 나는 나의 어머니와 아버지에게 정말 많이 그렇게 했어요.'

'일리가 있는 말이네요. 그렇죠?'

'내가 그렇게 하면서 쾌감을 느꼈기 때문일까요?'

'당신이 처해 있던 무기력한 상황을 책임지는 상황으로 변형시켰기 때문이죠.'

'그 말이 많은 걸 설명해주네요.'

그는 한 시간 정도 말이 없었다. 우리가 짧게 주고받은 말은 이런 종류의 작업에서 전형적인 것이다. 이것은 그가 자신의 성격이 어떻게 버림받음이라는 정서적 경험에 대한 방어를 중심으로 구조화되었는지를 이해할 수 있는 순간이었다. 환자가 이런 통찰에 도달할 때 내가 하는 것은, 그로 하여금 자신의 아동기 방어들이 의미있는 것이었음을 이해하도록 돕는 것이다.

　나는 또한 붕괴에서 환자들이 너무 많은 해석을 듣게 되고, 그런 다음에 그들은 오랜 침묵의 시기를 필요로 한다는 사실을 알게 되었다. 이것들은 내사의 순간들이 아니다. 나는 그들이 근본적으로 분석가에게서 어떤 것을 취한다고 생각하지 않는다. 그보다, 나는 알고 있지만 사고되지 않은 어떤 것(사고되지 않은 앎)이 분석가의 말에 의해 풀려난다고 생각한다. 따라서 분석가가 해석하는 사람이 되지 않는 것이, 그리고 사고되지 않은 앎이 기억들, 정서적 경험들 그리고 자유연상들을 통해서 사고된 앎이 되는 전체 과정에 필요한 시간을 환자에게 허용해주는 것이 매우 중요하다.

　점심시간을 가진 다음, 우리는 한 시에 다시 시작했다.

　마크는 한동안 조용히 있더니 조이스에 대해 이야기했다.

　'나는 내가 조이스를 선택한 이유가 내가 그녀를 사랑할 수 있었기 때문이라고 생각해요. 점심시간에 한 질문이 마음속에 떠올랐어요. "나는 어째서 그녀를 그토록 사랑했을까?" 그리고 나는 그것이 내가 그녀의 취약함을 느낄 수 있었고, 그녀가 완강한 어떤 것과 씨름하는 것을 볼 수 있었기 때문이라는 것을 알아요. 나는 그런 그녀를 사랑했어요.'

　'당신 자신과 씨름하는 그녀를 볼 수 있었군요.'

　'나의 냉정함과요.'

　'그렇군요.'

　'그리고 그녀는 나에게서 살아남았고, 계속해서 노력하면서 결코 포기하지 않았어요.'

　이 말에 이어서 또 한 바탕 흐느껴 울었고, 15분쯤 후에 그는 말을 이었다.

'난 그녀를 사랑했지만, 그녀는 나를 파괴하고 있었어요. 너무 심했죠.'

'나는 당신이 어린 소년으로서 엄마와 아빠에게 도달하기 위해 거듭해서 노력했다고 생각합니다. 그러다가 마치 그것이 당신을 파괴하고 있다고 느꼈고, 그래서 포기했죠. 조이스는 당신이 이 경험을 공유한 첫 번째 사람이에요. 그녀는 어떤 점에서 당신의 대리자였죠.'

'그녀가 내 자리에 있었군요.'

'예. 나는 그렇게 생각합니다.'

'나는 그걸 알았던 것 같아요. 최악의 순간들은 내가 … 를 시작하고 있다는 것을 깨달은 순간들이었죠'

'그녀를 증오하는 것을요?'

'예. 그녀를 증오하는 거요. 나는 그것이 잘한 일이었다고 생각했어요. 도움이 되는 같았어요. 나는 그것이 계속되기를 바랐던 것 같아요.'

'언제나 그렇듯이, 그게 모든 것을 더 쉽게 만들죠.'

'예, 그리고 … 그러나…'

'그게 잘 안됐군요. 당신이 그녀를 사랑했으니까요.'

마크는 오랫동안 울었다. 그리고 두어 시간 동안 말이 없었고, 생각에 잠긴 것처럼 보였다. 그는 화장실에 가기 위해 두 번 일어났고, 새 물병의 뚜껑을 따서 물을 들이켰다. 물론 그는 내가 방에 있다는 걸 알고 있었지만, 그 자신만의 세계 속으로 들어가 있었고, 나를 알아볼 필요도, 습관적인 사회적 몸짓을 할 필요도 없는 것처럼 보였다. 그 모습을 보면서 나는 내 아이들이 아기침대에 누운 채로 그저 주변을 둘러보면서 아주 만족스러워 했던 순간이 기억났다.

한참 후에 그는 자신은 괜찮다고 생각한다고 말했다. 그는 자신이 왜 조이스를 떠나야 한다고 생각했었는지를 말했고, 그녀의 미성숙과 완강함이 왜 그토록 사람을 미치게 만드는지에 대한 이유들을 열거했다. 그는 이제 자신이 사랑을 할 수 있고, 관계를 유지할 수 있다는 것을 알게 되었다고 말했고, 내가 분석에서 여러 번 언명했던 주제로 관심을 돌렸다: 그가 자신에게 맞는 파트너를 찾는 방향으로 전진적 발걸음을 내딛고 있다는 나의 견해. 그는 지금 내가 정확했다고 믿는다고 말했다. 그는 더 이상 아무 여자하고나 성교를 하려들지 않을 것이고, 자신에게 맞는 누군가를 찾을 것이다.

그의 목소리와 행동이 바뀌었다. 그는 붕괴를 딛고 일어났다. 그는 지난 이틀간 밤에 그 어느 때보다 더 많이 피곤했고, 숙면했으며, 수면 그 자체에 의해 치유되는 느낌을 받았다고 나에게 알려주었다. 오후 4시 경에 그는 불안해했다. 나는 그가 붕괴를 통과했다고 생각한다고 말했고, 방안의 느낌이 다르다고 했다.

'한 시간 전까지도 나는 여기에서 시간 감각이 없었어요. 나는 화장실에 가기 위해 일어섰을 뿐이에요. 선생님이 처음에 점심시간이 되었다고 말했을 때, 나는 마치 방에 있은 지 몇 분 정도밖에 안된 것 같았고, 하루가 금세 지난 것 같았어요. 나는 조이스를 상실한 것에서 결코 회복될 거라고 생각하지 않았기 때문에, 내가 어떻게 그렇게 할 수 있었는지 놀라웠어요.'

'우리가 당신에게 시간을 주었죠.'

'그래요. 사실이에요. 나는 지난주에 공황상태였어요. 끔찍한 악몽들을 꾸었고, 견딜 수 없는 상실감을 갖고 있었죠. 나는 내가 살아남을 수 있다고 생각하지 않았어요.'

'글쎄요, 당신은 확실히 이곳에서 그녀를 상실한 당신의 느낌을 표현했고, 그리고 그것이 그녀에 대한 당신의 느낌들을 존중한다고 느끼게 해준거죠.'

'그래요. 그렇게 말하는 것은 좀 이상하기는 하지만, 적절합니다. 나는 그녀와 함께 많은 노력을 했지만, 그녀는 그것을 끝까지 버티지 못했어요. 나는 그녀가 괜찮아졌으면 좋겠어요.'

그때 그는 조이스에 대해서 그리고 자신이 앞으로 몇 달간 그녀를 어떻게 도울 수 있을지에 대해서 말했다. 그녀는 부유한 상태가 아니었기 때문에, 그는 그녀와 거리를 유지하면서 그녀를 재정적으로 도울 수 있는 방법을 찾고 있었다.

종료까지 한 시간 정도 남았을 때, 나는 우리가 우리의 과제를 성취했다고 본다고 말했고, 이틀 후부터는 다시 전화를 통한 분석으로 돌아갈 것이라고 말했다. 마크는 좋다고 말했다. 여섯 시에 그는 일어섰고, 악수를 하면서, 이렇게 말했다. '정말 감사합니다.' 그 말에 나는 '그게 내 일인 걸요'라고 대답했다. 그는 문 밖으로 걸어 나갔고, 나는 짐을 싸서 공항으로 향했다

제7장
역사와 사후-사건(aprés-coup)

이전의 글들에서 나는 과거와 역사를 구별했다.[1] 과거는 우리가 다른 사물들 중의 하나로서 존재했던 날 것으로의 삶의 경험이다. 그러나 우리의 삶의 사실들은 무의식적인 변형을 거치지 않는 한 그리고 그때까지는 거의 의미가 없다. 우리가 하는 어떤 행위도, 우리 자신에 반하는 어떤 행위도, 우리의 과거의 어떤 사건도, 우리가 그것에 의미를 주지 않는 한 아무것도 의미하지 않는다. 우리 모두는 과거를 갖고 있지만, 우리 모두가 역사를 갖고 있는 것은 아니다.

어떤 사람들은 자신들의 과거에 대해 많은 생각을 했다; 그들은 '역사'를 창조했다. 정신분석에서, 그런 역사는, 그것들이 과거의 경험을 하나의 사물로부터 의미를 생성해내는 상상적이고 상징적인 질서로 변형시키는 작업을 반영하기 때문에, 중요하다. 그러나 물론 항상 그런 것은 아니지만, 그 역사는 종종 과거의 고통스러운 요소들로부터 시선을 돌리는 것을 목표로 하는 자기-속임수들로 가득할 수 있다. 그럴 때, 정신분석 작업의 일부는 자기의 역사들의 많은 부분을 분석 과정을 통해서 개정되

---

[1] Bollas, Christopher, 1995를 보라. 역사의 기능. *Cracking up*. New York: Hill & Wang, pp. 66-100.

고 공동-건설된 버전으로 재구성하는 것이 된다.

우리가 우리 마음의 작은 부분만을 이해한다는 것을 생각할 때, 역사성을 지닌 행위가 무의식으로부터 정보를 이끌어내는 것처럼 보이는 것은 다행스런 일이다. 무의식이 지닌 기능들 중의 하나는 아이-자기의 고통스러운 경험들을 이야기와 의식으로 변형시킬 미래의 언젠가를 위해 저장하는 것이다. 현실의 충격은 무의식에 보존되고, 심리적인 우선권을 받는 것처럼 보이는데, 따라서 만약 우리가 우리의 삶의 나중 시기에 자기의 역사가(historians of the self)가 된다면, 이런 영역들은 '특별 배송'이라는 소인과 함께 우리에게 보내질 것이다. 확실히, 과거에 대한 흥미를 표명할 뿐만 아니라, 최근의 사건들을 꼼꼼하게 기록하고, 그것들을 옛 역사와 관련시키는 분석가의 현존은 피분석자의 무의식에 영향을 주며, 무의식의 도서관으로부터 일차적 자료들이 풀려나올 수 있도록 문을 열어준다.

한 사람이 붕괴를 겪을 때 모아지는 역사는 보통 매우 분명하다. 그들이 왜 위기에 처했는지를 설명하는 것은 간단하다. 붕괴는 역설적인 게슈탈트이다: 자기-파편화의 순간인 동시에 그 파편들이 자기 안에서 한데 모이는 순간이다. 결국 그것은 해체하기보다는 형성한다. 그러나 지금 자기의 진실의 형태가 스스로를 주장하고 있기 때문에, 무슨 일이 있더라도 그 진실을 단념하고, 유예하고, 피하는 데 사용했던 이전의 전략들이 무너지기 시작하는데, 이것이 자아에게 경고신호를 보낸다. 왜냐하면 심리내적인 위험으로부터 자기를 방어하는 것이 자아의 목표이기 때문이다.

이것은 자아의 관심과 자기의 관심이 서로 충돌하는 순간들 중의 하나이다. 자기에게 있어서, 그것은 잠재적인 의미에 뿌리를 두고 있는 실존적 위기의 형태로 진실이 출현하고 있는 것이다. 자아에게 있어서, 그러한 분출은 끝없이 출현하는 진실의 피할 수 없는 세력에 맞서 오래 전에 구축한 방어들에 대한 위협으로 경험된다.

붕괴의 순간에 두 과거가 만난다: 붕괴의 계기가 된 사건으로 이루어진 최근의 과거와, 환자의 아동기로서의 과거가 그것이다. 자기를 흔들어놓는 중요한 사건이 마치 꿈에서처럼 응축되어 있기 때문에, 그것이 이야기로서 말해지기 위해서는 먼저 자유연상을 통해 풀어내고 정서적으로 스며드는 작업을 필요로 한다. 이 작업이 수행되면서, 최근의 경험은 자기의 과거 안의 많은 단계들에게 지금이 정보의 자유를 위한 때임을 고지하고, 그 결과 최근의 과거와 아동기 과거가 연결되게 된다.

사람들은 이 발견이 우리가 알지 못했던 것들을 드러내 보여줄 것이라고 기대할지도 모르지만, 실제로 나는 그것이 사실이라는 것을 발견하지 못했다. 비록 두 과거의 만남이 심오하고 감동적인 것이기는 하지만, 그 내용은 보통 놀랄만한 것이 아니다.

마크는 편집증인 엄마를 갖고 있었기에 사람들이 내면으로 들어오도록 허용하는 것을 막는 방어들을 구축했다. 그는 자신이 그렇게 한다는 것을 안다. 그런데 그가 사랑에 빠지고, 애인이 가까이 다가오도록 허용하지만, 그녀가 떠나자 붕괴한다. 표면적으로 그 붕괴의 이유는 상당히 명백해 보이지만, 흥미롭게도, 분석가와 환자가 그 단순한 이해를 새로운 상황 안에서 명료화하게 될 때, 비록 그런 설명이 새로운 것이 아닐 수도 있지만, 대부분의 피분석자들이 과거가 새로운 형태 안에서 자체를 제시한다는 사실을 발견한다; 재진술되거나 다르게 이야기된 형태. 이 시점에서는 치료를 가져다주는 것은 과거의 내용이 아니라, 생성적이고 변형적인 역사-만들기 행동인 것처럼 보인다.

그렇다면 마침내 붕괴를 야기하는 데 이르는 지연된 경험의 본성은 무엇인가?

이전의 작업에서, 나는 고통스런 심리적 사건을 내면에 간직한 아이는 그것을 동결시킬 것이라고 주장했다.2) 이 무의식적인 활동은 충격적인 경험을 묶어놓고 나중에 다시 처리할 수 있도록 보존하는 것을 목표로 한다. 이것은 아이가 정신적으로나 정서적으로 그것을 경험할 수 있는 능력을 가질 때까지 그 사건에 대한 경험을 지연시킴으로써, 무의식이 충격에 반응한다는 프로이트의 외상이론을 재진술하는 방식에 지나지 않는다.

아동기의 일상적인 일은 무의식적인 해석에 활짝 열려 있기 때문에 그의 모든 날들은 충격적 사건으로 변형될 수 있다. 급우들 앞에서 노래를 해야 하고, 다른 아이와 씨름을 해야만 하고, 도시락을 도둑 맞는 등 … 아이는 아마도 이런 일들을 부모에게 말할 수 없겠지만, 그가 겪은 자기의 경험은 지워지지 않을 것이다.

알렉스는 붕괴를 다루기 위한 첫 번째 회기를 그가 열두 살에 극장에서 겪었던 일을 회상함으로써 시작했다. 그는 옆에 앉아 있던 그의 여자 친구에게 키스했다. 뒤에 앉아있던 한 급우가 말했다. '알렉스는 키스하는 법을 모르네!' 그 말을 듣자마자 온 몸이 떨리는 이상한 종류의 충격이 발끝에서 머리끝으로 올라가는 것을 느꼈다. 그의 다리는 후들거렸고, 그는 거의 오줌을 지릴 뻔 했으며, 가까스로 자리에 앉아있었다. 영화가 끝났을 때, 그는 어떻게 쓰러지지 않고 극장에서 걸어 나갈 수 있을지를 생각해야만 했다. 분석 안에서 그 일이 왜 그토록 충격적인 사건이었는

---

2) Bollas, Christopher, 1989를 보라. 역사적 세트들과 보존 과정. *Forces of Destiny.* London: Free Associations Books, pp. 193-210.

지를 파헤치는 데는 상당한 시간이 걸렸지만, 결국 그는 그 사건이 일어났을 때, 그 일이 자신의 인생을 바꾸었고, 어떻게 해야 할지 몰랐으며, 그 자신이 결코 이전과 같을 수 없을 거라는 생각을 했었다는 사실을 기억해냈다.

나의 책 『프로이디안 모멘트』(Freudian Moment)에서, 나는 정신분석의 발견, 특히 프로이트의 쌍(Freudian Pair: 자유롭게 연상하는 피분석자; 자유롭게 듣는 분석가)[3]의 발견은 계통발생학적인 전관념이 실현된 것[4]이었다는 입장을 견지했다. 수천 년 동안 남성들과 여성들은 무의식적으로 특별한 종류의 관계를 추구해왔는데, 그 관계 안에서 사람들은 자신들의 꿈을 '타자'에게 말할 수 있고, 그 타자는 꿈 이야기를 듣고 나서 자유연상 과정을 통해 그것의 의미에 대한 자신의 무의식적인 앎을 이끌어냈다. '정신분석'이라는 용어는 그런 관계의 실현을 개념화한 것이고, 하나의 기표로서, 그것은 어떤 특별한 종류의 관계 안에서 발생하는 하나의 프로젝트를 가리킨다.

현실에서 괴로운 사건에 의해 충격을 받은 아이는 언젠가 그 경험을 의미 있는 것으로 만들기 위해서 공감적인 타자에게 기댈 수 있을 것이라는, 무의식적인 느낌 혹은 전관념을 갖고 있다고 나는 본다. (이런 기대는 좋은 조부모와 같은 그의 삶에서 중요한 현존하는 인물들에 기초해 있을 수 있고; 또는 무한히 사랑하고 현명한 사람처럼 보이는 고대의 동화 속에 나오는 사람들에 기초해 있을 수 있다.) 사람들은 그런 타자의 도래에 대한 무의식적인 믿음을 가질 뿐만이 아니라, 그런 사람을 찾아 나서기

---

[3] '자유롭게 듣기'라는 용어는 Adam Phillips가 만든 것이고, 나는 그것을 사용하고 있다. Phillips, Adam을 보라. *Equals.* London: Faber & Faber, p. 31.
[4] 전관념, 실현, 개념화 등의 개념들은 비온에 의해 공식화된 것으로서, 나는 여기에서 그것들을 나의 목적을 위해서 사용하고 있다.

도 할 것이다. 그런 사람이 현존할 때, 얼어붙은 자기-상태들은 풀려날 수 있고, 그 다음에 개념화될 수 있으며, 마침내 이해될 수 있을 것이다.

이 전관념은 종종 개인이 사랑에 빠졌을 때 현실화되는 것으로 보인다. 사랑의 약속과 이 관계가 주는 취하게 하는 느낌 덕에, 개인이 저장된 자기-상태들을 사랑하는 사람에 대한 강력한 고백의 형태로 현실화하는 것은 흔히 있는 일이다. 문제는, 비록 그 애인이 처음에는 그런 귀중한 비밀들을 선물 받은 것에 만족해하고 특권을 부여받았다고 느끼지만, 그것으로 인해 그가 곧 불안해지고, 무엇을 해야 할지 모르게 된다는 데에 있다. 파트너로 하여금 '흉금을 털어놓게 하는 것'만으로는 충분하지 않은데, 그 이유는 그 사건에 파묻혀 있는 정동이 해제되지 않았기 때문이다. 그것은 그것을 의미로 변형시켜줄 타자가 존재하는 상황 안에서 경험될 필요가 있다. 이 타자의 역할을 애인이 담당하기에는 일반적으로 너무 벅차고—비록 많은 사람들이 시도하기는 해도—, 그런 상황의 스트레스를 커플이 감당하지 못할 수도 있으며, 그 결과 헤어질 수도 있다.

치료의 세계 안에서, 많은 성인들은 이러한 저장된 자기-상태들을 수용하고, 담아주고, 처리할 준비를 갖춘 사람들을 찾을 것이다. 하지만 이럴 때 어떤 사람들은 그들을 최초에 흔들어놓았던 사건을 기억하지만, 많은 사람들은 그렇지 않다. 그것은 그들 안에 그들이 아는 어떤 느낌으로 있을 수 있지만, 사고될 수는 없다.

우리 모두는 사고되지 않은 앎을 가진 존재이다. 우리는 우리의 유아기와 초기 아동기의 세계를 무의식적인 경험을 통해서 안다. 우리가 언어를 갖기 전에, 우리는 우리가 갖고 있는 경험들을 생각할 수 있는 정신적 장비를 결여하고 있고, 그래서 그 경험들은 심리신체적 단위들로 구성된, 비언어적인 표상의 범주들—빛의 놀이, 음성—안에 저장된다. 때가 되면 이것들은 서로 연결될 수 있고, 정서적 경험과 무의식적 환상의 기초를 형성할 수 있다.

　보통 일단 언어를 배우고 나면, 이러한 전언어적 자기-상태들은 상징적 질서 안으로 옮겨진다. 이 말은, 고통스런 초기의 경험은 단어들에 부착되는데, 그러고 나면 그 단어들은 평생 동안 그것의 의미를 간직하게 된다는 것을 의미한다. 예를 들어, 한 환자는 '바나나'라는 단어를 들을 때마다 메스꺼운 느낌이 그를 덮쳤다고 말했다. 그는 바나나라는 소리가 싫어서 가게에서 바나나를 쳐다보지도 않았다. 그 단어의 숨은 의미를 찾아내기 오랜 시간이 걸렸다. '바(Ba!)는 'Bah'(싫을 때 내뱉는 소리)를 의미했고 '나(Na)'는 'Nah!'(거절할 때 사용하는 No!)를 의미했다. 그에게 '바나나'라는 단어는 그가 다른 사람으로부터 강력하게 경멸을 받는다는 의미를 담고 있었다. 그 환자에게 그것은 문자 그대로 뱃속을 휘저어놓는 사건이었고, 그 단어를 들을 때마다 그의 얼굴은 혐오로 일그러지고는 했다. 이것은 자기-상태에 대한 전언어적이고 신체적인 표현이다; 한 유아기 경험이 '바나나'라는 단어 안으로 옮겨졌는데, 그것은 그 단어가 그 경험의 측면들을 담고 있었기 때문이다. 그리고 그것은 그 후로 저장과 이해를 위해 상징적 질서 안에 간직되어 있었다.

　따라서 붕괴가 시작되기 전에, 사람들은 알려지지 않은 앎(unthought known) 내부로부터 동요를 발생시키는 어떤 것이 어떤 형태로 스스로를 표현하기 위해 오고 있다는 느낌 때문에 심리치료를 찾는다. 치료적 환경 안에서 사고되지 않은 앎이 풀려나는 효과를 발생시키는 정서적 경험은 아이가 자기(self)와의 무의식적인 약속을 지키는 것이다. 최종적으로, 설명할 수 없이 고통스럽고, 혼란스러우며, 공포스러운 것을 수용해주는 누군가가 거기에 있을 때, 심각하게 방해받은 자기-상태에 의해 사로잡힌 대부분의 사람들은 붕괴를 시작할 것이다.

이것은 정신분석이 사람들을 더 악화시킨다거나, 정신분석은 스스로를 치료라고 내세우는 질병이라는 식의, 자주 반복되는 반-정신분석적 언급으로 우리를 데려다준다. 많은 사례들에서 사람들이 정신분석을 받으러 오는 경우, 그 사건 자체가 내면의 외상들이 정신적 실현으로 그리고 궁극적으로는 이해를 향해 나아가는 움직임을 촉발시킨다는 사실에는 의문의 여지가 없다. 그리고 정신분석적 과정의 구조화가 이것의 출현을 자극해내고, 그래서 그것을 담아내고, 변형시키기 위해 기획된 것이라는 사실에도 의문의 여지가 없다. 하지만 정신분석이 위기의 원인이라고 말하는 것은 부정확하다. 그 붕괴는, 과거의 사건을 환기시키는 관계에서의 행동에서든, 외부 삶에서 자기가 경험하는 새로운 충격에서든, 결국은 일어날 것이다.

분석가가 직면하는 가장 중요한 과제들 중의 하나는 그 사람의 붕괴를 촉발시킨 사건의 세부사항들을 발견하는 것이다. 일단 그 사건이 해부되고 꼼꼼하게 분석되고 나면, 피분석자는 정신적 혼돈, 고통, 깊은 불안에서 역사적 이해의 영역으로 옮겨갈 수 있다.

개인의 무의식이 그 사건을 어떻게 해석했었는지가 분명해질 때조차도, 이것이 자동적으로 현존하는 불안을 해소해주지는 않는다. 하지만 그것이 성취하는 것은 해석적 이해의 공식적인 효과인, 묶는 과정(binding process)—불안의 담기와 조직화하기—의 시작이다. 해석의 행동은 사고되어야 할 새로운 아이디어들을 제공하지만, 그것이 전달하는 *내용*에 덧붙여, 그것은 또한 환자의 무의식으로부터 드러난 것에 형태를 주는 방식이기도 하다.

해석은 혼돈에 구조를 주기 때문에, 이러한 형태와 관련된 효과는, 그 무엇보다도 의미가 아니라 조직에 관심을 갖고 있는, 자아에게 매우 중요하다.

그렇다고 해도, 해석들이 충분히 정확하지 않는 한 묶는 과정은 성공적이지 못할 것이다. 피분석자가 오해 받는다면, 그것은 거짓된 조직을 만들 수 있을 것이고, 그 거짓된 조직은 분석가의 안아주는 능력에 대한 불안과 불신을 증가시킬 것이다. 이것이 내가, 자유연상 과정과 추후의 분석적 질문을 통해서 드러난 의미의 패턴들을 차츰 발견할 수 있기에 앞서, 사건의 세부사항들을 꼼꼼히 수집해야 할 필요성을 강조한 이유이다.

내 경험에 따르면, 촉발 사건은 항상 환자의 무의식적 취약성을 담고 있다. 일단 이해하고 나면, 그것은 정신적 관문으로 봉사한다. 만약 환자가 얼마 동안 분석을 받고 있었다면, 바라건대, 거기에는 분석가와 피분석자에게는 이미 친숙하게 알려진 관문으로 인도하는 실마리들이 있을 것이다. 이 실마리들은 내적 지각의 문들을 통해서 환자의 과거, 그의 현재 상황들, 그리고 자기의 정신 구조를 함께 연결해줄 것이다.

제8장
시간

그 어떤 것보다도, 붕괴를 겪고 있는 환자는 시간을 필요로 한다.

붕괴는 타자가 자기로부터 듣고, 그것으로부터 도망치지 않는 인간관계 안에서 발생하도록 시간이 허용되어야만 한다. 이 경험은 공황상태에 있는 환자의 부분들에게 깊은 확신을 준다. 그러나 이것을 성취하기 위해서는, 정신분석가가 시간이 얼마나 걸리든지 끝까지 함께 있어줄 준비가 되어 있다는 것이 피분석자에게 분명해야 한다. 여기에서 포기란 없다.

45분이나 50분간 지속되는 전통적인 분석 회기 안에는 분석의 틀을 구성하는 시-공간적 경계가 있다. 이 틀은 그 자체로서 의미를 획득한다; 그것은 구조를, 즉 시나, 작곡이나, 의례가 가진 것과 같은 형태를 갖고 있다. 말해지거나 실연되는 것은 무엇이든 틀의 형태 안에서 드러날 것이고, 따라서 그것에 의해 모양새가 결정될 것이다.

피분석자는 회기가 사회적 현실에서 정신분석적 현실로 옮겨가기 전에 몇 분 정도 침묵하거나 약간의 담소를 나눌 수 있다. 무의식적인 사고가 자유연상의 실천을 통해 도달하게 될 때, 피분석자는 이제 자기의 소리를 듣는 형태로서 말을 하게 된다. 분석가는 깊은 경청의 과정에 침잠하고, 이따금씩, '그 자신의 무의식을 사용해서 환자의 무의식에서 흘러나오는 것을 포착하고, 아이디어들의 연쇄 안에 있는 연결들을 발견하며, 정서적 경험이 지닌 논리를 감지하거나 전이 안에서 발생하는 성격의 움직임을 분별한다.'[1] 이것은 해석이나 일련의 관찰들을 발생시킬 수 있고, 그것들은 다시금 피분석자의 응답을 불러올 수 있다. 그들은 한동안 이것에 대해 작업을 할 것이다: 때때로 침묵의 순간들이 있고, 시간이 끝나면, 그 두 사람은 다음 회기까지 기다리는데, 다음에 갖게 될 그 회기 안에서는 동일한 과정이 다른 형태로, 다른 내용을 갖고서, 그러나 동일한 틀 안에서 일어날 것이다.

내가 여기에서 제시하고 있는 가장 극단적인 치료의 형태—온종일 회기—의 경우, 비록 치료방법은 여전히 정신분석이지만, 시간의 틀은 급진적으로 변경되었음이 분명하다. 하루에 여러 시간을 투입함으로써, 정신분석의 친숙한 형태는 용해될 것이다; 45분 회기가 가진 리듬의 논리는 차츰 다른 박자에게 자리를 내어줄 것이다. 시간은 회기 내부의 요인과는 거리가 있다; 피분석자는 더 이상 똑같은 방식으로 시간의 보호 아래 있지 않다. 출현하는 리듬, 즉 알려지지 않은 시간성(temporality)은 이제 피분석자의 정신적 상태에 의해, 그리고 내적 욕구의 진실에 의해 결정될 것이다.

현재 의식 안으로 떠오르는 복잡한 이슈들은 전통적인 회기에 할당된 시간 안에서는 충분히 명료화될 수 없다. 틀의 법칙으로부터 사후-사건 또는 자아-욕구로의 전환은 정신분석이 무의

---

[1] Freud, Sigmund, 1923. Two encyclopaedia articles. *Standard Edition of the Complete Psychological Works of Sigmund Freud*, XVIII. London: Hogarth Press, pp. 233-259.

식 수준에서 이러한 일시적인 재조정이 필요하다는 사실을 이해했음을 의미한다.

피분석자는 자기(self)의 질병에 대해 충분히 듣는 데 필요한 시간과 공간이 존재한다는 것을 깨닫는다. 그는 차츰 가능한 한 많이 말해야 한다는 압박감에서 오는 긴급함이 줄어드는 것을 느낀다. 시간이 열린 것 같고, 정신적인 공간은 다가오는 많은 정신적 내용들과 정서적 상태들을 담고 처리할 수 있는 자체의 능력을 연장한다.

이것은 내적 막간들(interludes), 즉 피분석자가 분석가의 현존을 전혀 알지 못한 채 생각들과 느낌들 안에 빠져있는 강렬한 내적 경험의 기간들을 더 연장하도록 허용한다. 따라서 환자는 그런 마음의 상태에서 여러 시간을 머물 수 있게 된다.

나는 내가 관찰한 것과 직관한 것들로부터, 역설적으로, 그러한 고통의 한복판에서, 이런 순간들이 매우 평화로운 시간들이라고 추정한다. 환자들은 나중에, 그런 막간의 시간들이 전체 경험 안에서 가장 중요한 것이었다고 내게 말해주었다. 그것은 마치, 이따금씩 환각 같은 환영들을 수반하는 깨어있는 꿈꾸기, 또는 그들 자신들, 엄마들, 아빠들, 또는 그들의 인생에 대한 스쳐가는 명료한 장면들이 산재한 직관적인 기억들과 비슷했다고 그들은 말한다. 그들은 자신들이 움직이는 과정 안에 있다고 느꼈다. 그 안에 있는 동안 그들에게는 결코 말을 한다는 생각이 떠오르지 않았고, 내가 어떤 말을 해줄 것을 기대하지도 않았다.

내가 처음에 연장된 분석을 제안했을 때, 나는 이런 개입이 얼마나 지속되어야 하는 건지 알 길이 없었다. 사실 아마도 나에게 가장 놀라웠던 한 가지는 그 위기들이 그토록 짧았다는 것이었다. 나는 내가 피분석자가 떨어지기 전에 그를 잡아줄 수 있는 한, 붕괴의 심각한 국면은 놀라울 정도로 짧다는 사실을 발견했다. 내가 하루 종일 회기를 삼일 이상 계속해야 했던 적이 없다.

시간이 지나면서, 나는 가장 격렬한 붕괴조차 그 자체의 코스를 갖고 있다는 것을 알게 되었고, 붕괴의 발생은 일반적으로 시작, 중간 시기, 그리고 종결과 같은 분명한 단계들로 갖고 있다는 것을 알게 되었다. 전개되는 정신적 사건들의 순서는 자아의 시간 측정과 관련되어 있는 것으로 보인다. 자아 안에는 행동반경들과 규칙들을 갖고 있고, 목표와 그것을 성취하는 방법을 갖고 있는 하나의 활동이 시작되었다는 감각이 있다.

붕괴하는 사람들이 갖고 있는 하나의 치료적인 차원은 그 사람이 자신의 삶과 미래와의 연결을 유지하는 것이다.

유아 자아는 아동 자아에게 양보하고, 그 다음에는 사춘기 자아에게, 그 다음에 계속해서 청년기 자아로부터 인생의 모든 추후 단계들의 자아들에게로 양보한다. 자아는 과거로부터 물려받은 심리적 복합체들을 구조화하고, 다가올 단계들을 내다보면서, 현재 그것이 직면하는 과제들에 대한 감각을 시간을 두고 발달시키는 조직이다. 미래에 대한 감각을 갖는 이 능력은 계통발생적인 것, 집단적 무의식의 일부, 또는 뇌에 장착된 앎일 수 있다.

우리 모두는 미래에 정신 에너지를 투자한다. 삶이 어렵기 때문에 우리는 그럴 필요가 있다. 인간의 경험—우리의 평생에 걸친—은, 더 좋든 더 나쁘든, 예상되지 않은 것들, 뜻밖의 것들로 가득하다. 미래는 단순히 상상속의 순간이 아니라, 자아의 목표이다: 자기로 하여금 현재를 통과하여 다가오는 것 안으로 들어가게 하는 것. 우리 존재의 매 순간은 그것을 성취한다: 미래가 성취되는 순간 그것은 과거가 된다. 개인은 인생에서 끊임없이 움직인다고 느끼며, 그것이 좋은 것이라고 느낀다. 자아는 자기의 수명이 일시적인 구조를 갖고 있다는 것을 감지한다.

만일 내가 이런 환자들에게 처음부터 '미래는 잊어버리세요,

당신의 삶에 관해 잊어버리세요, 설령 몇 년이 걸린다고 해도 우리는 이렇게 있을 겁니다'고 말했다면, 환자들은 그 말을 신뢰가 아닌 전능성으로 해석할 수 있는 충분한 이유를 갖게 되고, 따라서 그것은 그들의 불안을 더 증가시켰을 것이다. 가장 중요하게는, 중요한 치료적 대상관계가 버려졌을 것이다. 나의 환자들과 나는 항상 우리가 돌아가야 할 세상이 기다리고 있다는 사실을 염두에 두고 있었다. 그들은 일단 그들을 앞으로 나아가지 못하게 사로잡는 과거에서 온 요소들을 일단 작업해내고 나면, 다가올 몇 주 후의 미래는 존재하기에 충분히 좋은 곳이리라는 감각을 갖고 있었다.

자아가 분석 안에서 자체의 방어들이 붕괴되는 것을 허용함에 따라, 그것의 신호 불안들과 근원적 불안들은 정신분석적 과정에 의해 진정된다. 자아는 얼어붙은 정신적 고통의 원천을 녹여주고, 그 결과 자기는 이제 정서적 진실을 풍부하게 공급받게 된다. 분석가가 자아의 능력들에 대한 인정을 보여줄 때, 그 사람은 자신이 힘의 원천으로서의 속성들과 삶을 다루는 방식들을 갖고 있다는 사실을 볼 수 있다. 이것이 자기와 자아로 하여금, 우리가 *자아 신앙(ego faith)*이라고 부를 수 있는, 일종의 소극적 능력 아래에서 작동하도록 허용한다.

이것을 정신분열증 환자의 상황과 대조해보라. 만성적 정신분열증의 비극들 중의 하나는 원시적인, 핵심적 자아기능만이 작동한다는 것이고, 그리고 그것이 믿을 만하지 못하다는 것이다. 과거는 꿈이고, 자기는 그것을 기억하고 싶어 하지도, 말하고 싶어 하지도 않는데, 그 이유는 그것은 꿈을 악몽으로 바꿔놓기 때문이다. 미래는 블랙홀로서만 존재하기 때문에, 자기는 끊임없이 깨어있는 현재 안에서 살려고 분투한다: TV를 응시하기, 의자에 앉아 있기, 복도를 서성대기, 똥을 싸고 오줌을 싸기 … 이런 순간들은 시간 안에서 구별되지 않는, 끊임없음의 일부이다. 이 모든 다른 상황들에서 자기는 동일한 정신성을 갖고서 행동할 것이다; 그것의 목표는 단지 존재하는 것이고, 방해받지 않는 것이다. 밤이 두렵지만. 약물이 기다리고 있고, 자기를 취하게 만들 수 있다. 그 결과 밤이 되면 부재한 세상에 대한 어떤 꿈도 없고, 어떤 깨어있음도 없다.

정신분열증의 비극에 반해, 붕괴를 겪는 사람은 운이 좋은 사람이다. 정신분석가가 현재의 끔찍스런 경험은 일시적인 것이고 몇 주 이상은 지속되지 않을 것이라는 사실을 전달해주면, 자기의 자아는 미래를 내다보고 미래의 지도를 그리기 시작할 수 있다. 그리고 물론 그 지도는 자아가 갖고 있는 가정들이 분석 안에서 성취된 변형들과 함께 바뀌게 되면서 변할 것이다.

제9장
정서적 경험

    어떤 사람이 붕괴할 때 그 과정은 두 가지 방식 중 하나일 수 있다.
    대부분의 사례들에서, 붕괴가 완전한 힘을 발휘함으로써 깊은 퇴행을 발생시키기 전에, 환자와 분석가가 촉발 사건이 갖고 있는 역사적 연결들을 확인하고, 그 사건의 의미에 대한 탐구를 시작할 수 있는 시간이 있다. 피분석자는 분석 회기의 증가와 함께 서서히 붕괴 안으로 들어간다.
    하지만 때로는 압도적으로 강력한 정서의 갑작스런 도래가 최근의 사건과 과거의 역사에 대한 분석적 쌍의 탐구를 미리 차단하기도 한다. 내가 보기에, 이런 일이 발생할 때, 그것은 언어 이전 시기에 기원을 가진 경험들의 분출을 가리키는 것일 가능성이 높다. 그것은 사고되지 않은 앎이 지금-여기에서 풀려나는 것이기 때문에, 적어도 처음에는, 역사화 될 수 없다는 것을 의미한다.
    여기에서, 우리는 그것을 제시하는 방식과 관련된 자아의 지성을 존중해야만 한다. 만일 환자가 언어를 사용해서 최근 사건에 대한 성찰과 회상을 시작하고, 그것들을 과거와 연결시킨다면, 이것은 저장된 정서적 경험들로 하여금 스스로를 표현하는 경로를 발견할 수 있는 길을 닦아줄 것이다. 하지만, 만약 환자가 정서적 경험의 깊은 데서부터 시작한다면, 분석가는 이 사실을 수용해야 하고, 그 상황을 피해 가려고 해서는 안 된다; 예를 들어, 촉발 사건에 대한 논의를 고집함으로써.

이제 우리는 붕괴가 일어나는 동안에 겪게 되는 정서적 경험의 본성을 좀 더 탐구할 것인데, 우선 몇 가지를 구별하는 것이 유용해 보인다.

정서는 정동이 아니다.

정동은 대개 불안, 의기양양, 분노 또는 두려움과 같은 정신-신체적 상태인, 단일한 내적 사건이다.

사실 하나의 정서 같은 것은 존재하지 않는다; 많은 내적 요소들이 응축된 '정서적 경험들'이 존재할 뿐이다. 정서적 경험은, 꿈과 아주 비슷한 조직이다.

애착 이론가들은 정동에 대해서 그리고 성인의 삶에서 그것이 어떤 모습인지에 대해 많은 글들을 썼다. 그것은 유용한 초점이지만, 그것의 한계를 염두에 두는 것이 중요하다. 정동 이론은 유아의 자기-상태들, 즉 만족, 고통, 불안, 공포, 격노 등을 서술한다. 유아는 성장하면서 복잡한 정서적 경험들을 발달시키기 시작한다. 예를 들어, 그는 자신의 엄마가 단순히 영양분과 신체의 돌봄만을 제공하는 사람이 아니라, 기분들과 습관들을 가진 사람이라는 것을 배운다. 그는 자신의 존재 역시 출렁이는 변수라는 것을 알 것이다.

상당 정도 예측 가능한 정서적 경험들이 있다. 예를 들면, 유아는 먹을 시간이 가까워지면 먹을 것을 준비하는 엄마를 보는데, 이것은 유아에게서 일련의 정동들, 기억들, 소망들 그리고 기대들을 불러낸다. 일상적인 상황에서 단 하나의 뜻밖의 사건─전화 벨소리, 복통, 후라이팬을 떨어뜨리거나 욕설을 내뱉는 엄마—이 사건들의 연쇄에 불가피하게 우연에 의한 변화들을 발생시킨다. 그것은 모두 점점 더 정교해진 타자와의 관계에 해당된다. 유아기와 그 후 계속되는 삶의 단계들에서, 정서적 경험은 무엇보다도 *움직이는 경험*이다. 그 경험은 단순하거나 복잡할 수 있고, 유쾌하거나 불쾌할 수 있으며, 종종 혼합된 것일 것이다. 정동과는 달리, 정서적 경험들은 관찰될 수 없다. 그런 점이 그 개념이 현대 정신분석 안에서 정동 이론의 뒷좌석을 차지하는 경향을 갖는 이유일 수 있다. 최근 몇 년 동안, 분석가들은 명백하고 관찰 가능한 것에 더 많이 기대게 되었다. 그리고 이것은 인간의 마음이 명백하지도 않고 관찰 가능하지도 않으며, 한나 아렌트(Hannah Arendt)가 '보이지 않는 것들(the invisibles)'이라고 부른 것들로 가득하다는 점을 생각할 때, 불행한 일이다.

붕괴하는 환자가 정서적 경험을 가질 때, 그것은 내적 사건 안에 있다. 그것은 웃음소리, 눈물, 분노, 카우치 위에서의 안절부절못함, 독특한 말하기 패턴들과 같은 외부의 표시들을 수반할 수 있지만, 그것은 환자 자신의 의식 안에서든 아니면 타자에게든, 오직 부분적으로만 스스로를 드러낼 것이다. 정서들은 정동들과는 달리, 결코 눈에 보이는 것이 전부가 아니다.

정서적 경험은 실제로 환자나 분석가 모두에게 꿈보다도 훨씬 더 이해하기 힘들다. 꿈은 과거로부터 회상해낸 완결된 사건인 반면에, 정서적 경험의 구성요소들은 항상 움직인다. 정서적 경험들은 무의식적인 삶의 모든 범주들을 포함한다: 신체상태, 신체감각, 신체기억, 정동, 회상된 기억, 욕망, 본능의 파생물, 아이디어, 환상, 현실에 의한 개입, 관계적 순간의 그림자, 풀려난 자기 조직의 원리, 우리 존재의 사고되지 않은 앎, 내사물들의 도래 등등.

정서적 경험들이 예고 없이 갑자기 도래하든지, 아니면 분석가와 환자가 현재와 과거의 사건들을 연결하기 시작한 이후에 도래하든지 간에, 어느 시점에 심리적 시간 안에서 얼어붙었던 정서적 경험들은 풀려나서 현재 안으로 쇄도한다. 이 사건의 충격이 갖고 있는 순전한 힘은 내가 나의 임상적 작업에서 목격한 가장 놀라운 것이었다. 내가 아무리 이완된 느낌을 갖고 있어도, 지연된 정동이 방안으로 밀려들어오는 순간은 항상 압도적이다. 과거의 정동이었던 것이 지금 현재의 정동이 된다. 그것은 어떤 주석도 필요로 하지 않는다. 개인의 고통이 갖고 있는 정신적 아픔이 지금 기억, 이해 그리고 환기된 정서적 경험을 통해서 풀려나고 있고, 분석가는 경청하고 배우면서 거기에 있기만 하면 된다.

이런 현상들은 보통 시간의 한계에 제약받지 않는 온종일 회기들에서 가장 강렬하다. 나는 이 강렬함을 말로 전달하기는 불가능하다고 느끼고 있고, 나의 임상사례들에서 그런 현상을 제대로 취급하지 못했다는 것도 알고 있다. 정서적 경험은 엄청나게 복잡하고, 내적 경험의 전체 범위를 포함하고 있으며, 하나의 조직된 아이디어로 단순화할 수 없다. 그것은 드러난 내용 (manifest content)이 없는 꿈과도 같다; 말이 없는 시; 대지를 내달리면서 자연 세계에 생명을 불어넣는 바람. 그것은 피분석자의 정서적 삶을 치료적 힘으로 바꾸어준다.

그러한 현상들이 이 깊은 경험의 핵심에서 나올 때, 피분석자의 자유연상들이나 명료한 진술들은 변할 것이다. 말하는 자기는 결코 말로 표현될 수 없는 오래된 정서의 물결들에 의해 쫓을 것이지만, 그때에 분석가에게 한 모든 말은 의미에 의해 쫓을 것이다.

이 긴 회기들의 이런 측면을 돌아볼 때, 일부 피분석자들은, 마치 그들이 빛과 소리의 목욕물에 몸을 담그기라도 한 것처럼, 상담실의 물리적 요소가 그들에게 본질적인 것이 되었다고 말했다. 이것이 혹시 빛과 소리가 그들 자신 안의 현상으로서 경험했던 자궁 내 삶에 대한 회상일 수 있을까? 이 긴 사적 막간들이 어떤 점에서 자기의 재탄생을 제공한 것이 아닐까? 다시 말해서, 자기가 태아기 삶과 초기 유아기 경험에 대한 사고되지-않았지만-알고 있는(unthought-known) 기억들로 되돌아가는 경험적 전환을 제공하는 것이지 않을까?

나는 붕괴 안에서, 피분석자들이 그들의 역사에 대한 기억들과 많은 다른 형태의 표상적인 숙고뿐만 아니라, 인간 존재의 기본적 요소들을, 즉 그들 존재의 물-자체를 경험한다고 믿는다. 따라서 그들은 소리, 빛, 색깔, 냄새, 이미지들과 같은 존재의 기본적 요소들(essentials)에 몰입한다.

이것들은 통찰이 물결치고, 대화가 꽃을 피우며, 전이 또는 역전이를 통해 자기의 성격이 어떻게 형성되었는지를 명료하게 깨닫는 순간들이 아니다. 실로, 그것은 자기가 *존재의* 가장 근본적인 차원에 스스로를 개방할 때, 마치 정신분석의 이러한 일반적인 특징들이 단순히 부차적인 것이 되는 것과도 같다.

물론 여기에는 고통이 따른다; 존재의 근본적인 고통과 인간 다워지는 데 따른 고통. 사람들은 울고, 비명을 지르고, 고함치고, 몸부림친다. 그들은 그들 자신들이 되기 위해 그들에게 열려있는 모든 형태들을 사용한다. 우리는 이런 상태들은 투사적 동일시가 아니라, *투사적 객관화*라고 생각할 수 있다. 붕괴의 지옥 같은 순간들에는 피분석자가 왜 자신이 그 모양인지를 신에게 묻는 것을 통해서 스스로를 객관화하는 것처럼 보이는 시간들이 있다. 하지만 모든 사람들 사이에서 공통적으로 보유되고 있지 않은 것은 아무것도 투사되지 않는다. 투사되는 것은 기본적인 것이다; 살아있는 존재가 되는 데 필요한 '객관적 실재성(thingness).'

그런 강렬함 뒤에 따라오는 긴 침묵들은 아마도 이러한 원초적 사물성에 대한 인식을 나타내는 것일 수 있다. 한 환자는 그녀 자신이 되는 것의 모든 측면들이 자신에게서 솟구쳐 나와 그녀의 마음속으로 들어오는 것을 느꼈다고 말했다; 때로는 마치 그녀 자신이 극장 안에 있으면서, 그녀의 감각들보다 앞서서 형성되고 변형되는 변형적 존재로서의 그녀 자신을 바라보고 있는 것과도 같았다.

이 경험적인 막간들 뒤에는 붕괴로 인해 초래된 고통의 복귀, 즉 자기에 대한 공격의 복귀가 뒤따를 수 있다. 그것을 공격이라고 묘사하는 것은, 사람들이 단순히 그들 자신들과 갈등을 겪고 있다고 표현하는 것보다 더 정확해 보인다. 환자들이 분석가에게 말할 때, 거기에는 종종 그들을 압도하는 어떤 것, 그들이 평생 지니고 다녔던 어떤 것을 제거하도록 도와달라는 암묵적인 호소가 담겨 있다. 이제 마침내 그것은 자기 바깥에 있고, 그들은 그것을 보다 분명하게 볼 수 있다. 그리고 그것이 그들에게 부과해왔던 고통을 그들이 떨쳐버릴 때, 그들은 그 일에 도움을 받기를 원한다. 그들은 보통 사람의 지옥의 형태 안에 존재하는 것이 무엇을 의미하는지를 투사를 통해 객관화한다.

이 긴 회기들은 시간의 역설적인 왜곡을 허용하는 것으로 보인다. 몇 시간 동안의 침묵이 짧게 경험되고, 반면에 간간히 일어나는 강렬한 고통과 정서적 카타르시스의 사건들은 실제로는 15-20분 정도밖에 걸리지 않았지만, 환자는 그것들이 몇 시간 동안 지속되었다고 경험한다.

제10장
성찰, 설명, 그리고 훈습

연장된 회기들 안에서 성찰 상태는 특별한 질적 요소를 갖는다. 물론 거기에는 사고들이 생성될 수 있는 시간이 더 많이 있지만, 그것은 그 이상이다. 오랜 시간의 깊은 내적 작업과 강렬한 고통의 습격에 뒤이어, 붕괴를 겪는 동안에 발생하는 성찰들은 단순히 성찰적일 뿐만 아니라 통합적이다.

확실히, 모든 성찰은 통합에 기여할 수 있다. 자기를 검토하면서, 우리는 내면의 거울을 들여다보고, 우리의 자기-이해를 넓혀주고 우리의 무의식 구조의 일부가 되는, 우리가 전에는 보지 못했던 것들을 발견한다. 하지만 이 연장된 회기들 동안에 발생하는 성찰은 특정한 방식으로 지각의 잠재력을 연장하는 것으로 보인다: 그것은 자신의 자기에 대한 더 넓은 시각을 허용하고, 자기의 역사, 내적 세계 그리고 객관화된 구조들을 더 깊이 꿰뚫어 보는 것을 허용한다. 이전에는 무의식적이었던 많은 것들이 이제 의식으로 떠오르고, 따라서 개인은 더 느리고 더 깊은 성찰 작업을 허용하기 위해 속도를 늦춘 지각의 형태를 필요로 하게 된다.

꿈을 생각해보라. 꿈은, 가장 주목할 만하게는, 꿈-작업이 응축 과정을 거쳐 이룩한 성취이다. 일반적인 정신분석 과정에서, 강력하고 흥미로운 꿈의 의미를 풀어내기 위해서는 여러 날에 걸쳐 여러 시간의 자유연상을 필요로 할 수 있다. 붕괴는, 의식과 자기의 실행 능력들이 깊은 수수께끼인 기억들, 아이디어들, 정서들 그리고 원칙들로 이루어진 치명적인 콤플렉스의 출현에 의해 압도된다는 점에서, 꿈과 다를 바가 없다.

꿈과 붕괴는 둘 다 고도로 부호화된 순간들이며, 해독하는 데 시간이 걸리는 사건들이다. 마음이 정서적 경험과 통찰들로 장식된, 부호화된 응축들을 더 많은 무의식의 작업을 통해서 풀어낼 수 있기 위해서는, 지성이 아니라 자료에의 침잠이 요구된다. 하지만 꿈에 비해, 붕괴의 수수께끼는 훨씬 더 큰 고통을 야기한다. 스핑크스의 수수께끼처럼, 그것을 해독하는 데는 높은 수준의 마음의 자산들이 요구된다. 그러므로 이해하는 작업은 자기의 마음의 회복과 동시적으로 공존한다. 수수께끼를 이해한다는 것은 정신 건강이 회복되었다는 것이다.

수십 년 동안, 프로이트는 무의식적인 갈등들이 의식화되면, 그것이 신경증을 치료할 것이라고 믿었다. 이 후기 계몽주의적 아이디어는 나중에 그가 설령 많은 저항들이 극복된다고 해도 그 과정이 그 자체로서 꼭 변형적인 것은 아니라는 것을 발견했을 때, 그 자신에 의해 포기되었다.

의식적으로 아는 것만으로는 충분하지 않았던 것으로 보인다. 이때 프로이트의 관심은 전이로 향했고, 설령 환자와 분석가가 증상이나 성격에 관한 문제에 빛을 줄 수 있을지라도, 충분히 분석되기 위해서는 그것이 분석가와의 관계에서 실연되어야만 한다는 생각으로 향했다. 분석가는 치료의 일부가 되기 시작할 수 있기 전에, 문제의 일부가 되어야만 했다. 그 다음에 전이 사건은 의식으로 해석되어야 했다. 이처럼 경험된 것과 사고된 것의 결합이 변형적 잠재력을 갖는 것으로 간주되었다.

하지만 한 사람의 문제의 근원에 대한 높아진 의식이 문제를 변형시킬 것이라는 프로이트의 처음 아이디어는 사실일 수 있다. 그러나 그것은 매우 특별한 상황들에만 적용된다.

지금까지, 붕괴하고 있는 사람과의 작업에서 발생하는 사건들의 연쇄를 고려함에 있어서, 우리는 분석적 틀과 방법, 환자와 분석가 사이의 계약의 수립, 상호작용의 특별하고 강렬한 특질 등의 역할을 논의해왔다: 간헐적으로 발생하는 짤막한 대화들, 긴 침묵들, 환자의 정서적 경험들.

이제 우리는 설명이라는 이슈를 다룰 차례이다.

한 사람이 왜 분괴를 겪고 있고, 그가 왜 그렇게 되었는지에 대한 정확한 이유를, 그의 정신적 역사와 관련해서 명료하고 기억할 수 있는 용어로 설명하는 것이 분석가의 의무이다. 이것은 그 환자가 지금까지 사용했던 방어들에 대한 명료한 서술을 포함할 것이다.

이것이 해석의 한 형태라고 말하는 것은 맞는 말이지만, 더 정확하게 말해서 그것은 설명, 즉 왜 이 모든 것이 일어나고 있는지를 이해할 수 있도록 허용해주는, 의식적인 그리고 보통의 언어로 충분하고 완전하게 이루어진 설명이다. 이 시기에 사람들은 일반적으로 마음이 산란한 상태에 있어서 그 어떤 것도 잘 기억하지 못하기 때문에, 나는 경우에 따라 한두 페이지 정도로 전체 상황을 서술해서 그들에게 건네주었다.

의심의 여지없이 많은 나의 동료들은 표준적인 기법에서 빗어난 이것에 찬성하지 않을 것이다. 내가 어떻게 삶의 역사와 정신적 상태 사이의 관계에 대한 정신분석적인 설명을 글로 써서 줄 생각을 할 수 있을까? 확실히 그런 이해는 공동-구성적인 훈습과정에서 진화해 나오는 것이 아닐까?

나의 전제는 무엇인가?

제 10장 성찰, 설명, 그리고 훈습 / 117

붕괴가 일어나는 동안, 환자들은 붕괴를 발생시킨 사건에 대해 설명할 것인데, 그것은 그들의 과거와 연결될 것이고, 강력한 정서적 경험들을 불러일으킬 것이다. 그러나 이것이 변형을 가져다주는 것이 되기 위해서, 그들은 모든 요소들이 어떻게 하나의 전체적인 게슈탈트 안으로 짜 맞추어지는지를 의식적으로 알 필요가 있다; 그들은 어떻게 그것들이 그들의 삶을 구성하는지를 이해할 필요가 있다. 글로 쓴 그 설명이 명료하고, 단순하게 표현되고, 적절하다면, 그것은 피분석자에 의해 읽혀지고 거듭해서 소화될 명료한 대상(lucid object)을 구성한다. 그들은 그것에 많은 주제의 변형들을 가져올 것이지만, 그것이 그 자체 안에 그들 삶의 핵심적 진실을 담고 있기 때문에, 그것은 그들이 매우 가치 있다고 여기는 일관성을 가질 것이다.

환자는 성찰에 의해서보다 이런 반복을 통해서 중요한 것을 암기식으로 배우는 것처럼 보일 수도 있지만, 사실 설명서를 자주 읽는 것은 자기로 하여금 정신적 진실의 모체에 침잠하게 한다. 그들의 역사적 구조로 변형된 과거는 그 과거를 얼어붙게 했고, 붕괴를 자극했던 사건과 연결되어 있다. 이것이 최초의 사건들과 연결되어 있는 지연된 정동으로 하여금 풀려나도록 허용했고, 이것이 다시금 정서적으로 현재의 두려움들과 고통들의 형태를 결정한다. 자기는 이제 내부로부터 안내를 받고 있고, 공포스럽거나 박살내는 것으로 느껴졌던 것이 이제는 훨씬 더 두터운 정서적 앎으로 채워진다.

고조된 의식은 풀려난 많은 출처에서 온 무의식적 소식들—최근과 먼 과거로부터 온 실존적 경험들, 정서적 움직임, 자유연상들—을 무의식에서 나온 가닥들을 하나로 묶어주는, 사고의 명료한 대상 안으로 끌어모으는 중간적 행동(a transitional act)으로서 기능한다. 이야기 형태(narrative form)의 묶는 활동은 피분석자로 하여금 자기와 다른 유형의 대화를 할 수 있도록 허용한다; 그는 그 모든 것이 얼마나 이치에 맞는 것인지에 대해 스스로에게 말할 수 있다.

그때 명료한 설명은 자기의 핵심적 장애를 객관화하고, 정신적인 중간 대상(a transitional mental object)이 되어, 자기가 새로운 심리적 구조를 발달시키도록 돕는다. 붕괴가 일어나는 동안 이 구조—자기와 세상을 지각하는 새로운 방식—는 의식 안에 담겨 있을 것이다. 그때 환자가 회복되면서, 붕괴에 대한 의식적인 기억과 붕괴 이유에 대한 이해는 차츰 배경으로 사라질 것이다. 만약 분석가가 설명을 써주었다면, 그것은 잃어버리거나 버려질 것이다. 배운 것이 사라지는 것처럼 보일 것이지만, 시간이 지나면서 분석가는 사고하고, 존재하고, 관계 맺는 피분석자의 원칙들 안에서 발생한 변화들을 보게 될 것이다. 전에는 의식 안으로 소환되었던 설명들은 이제 잊혀지고, 작동을 위한 가설들로서의 자기의 정신적 구조의 일부가 된다. 거기에는 무의식과 의식적인 자기 사이에서 변형적인 소통이 있게 된다.

내가 명료한 진술이라고 부른 것의 의미를 설명하기 위해 몇몇 예를 들어보겠다.

클라라는 직장에서 잘린 후에 우울증적 붕괴를 겪었다. 그녀의 사장인 오스왈드는 가학적인 사람이었고, 그녀가 맡은 자리에서 일 년 이상을 버틴 사람이 아무도 없었지만, 그녀는 망연자실했다. 그녀의 가족은 모두 성취한 사람들이었고, 형제자매들은 모두 크게 성공적이었다. 삼십 대 초반인 그녀는 '시간이 없다'는 이유로 한 번도 사람과 관계를 맺어본 적이 없었다. 우리가 함께 작업을 시작했을 때, 그녀는 거리를 두고 있었고, 쉽게 짜증을 냈으며, 정신분석에 대해 회의적이었고, 나에 대해 매우 비판적이었다.

우리가 그녀의 아동기, 역사와 최근의 사건들의 요소들을 함께 짜 맞추고 난 후에, 그녀는 멀리 있고 오만한 자리에서 강렬한 슬픔과 비탄, 그리고 하염없는 울음으로 무너져 내렸다. 나는 다음과 같이 진술했다:

당신은 단순히 오스왈드가 당신을 해고했기 때문만이 아니라, 또한 당신의 가혹하고 강요된 부분이 그에게 찬성했기 때문에 우울합니다. 당신은 지금까지 살아오는 동안에 가족의 성취하는 부분과 동일시했고, 엄마나 아빠도 감정이나 친밀함을 위한 공간을 갖지 못했어요. 그런 것들은 '실패자들'을 위한 것이었죠. 당신은 당신 자신의 욕구들과 취약성들을 폄하해왔습니다. 내가 우리의 작업에서 그런 문제들을 끄집어냈을 때, 나는 당신의 오스왈드 부분의 공격목표가 되었고, 그런 혐오의 대상이 되는 것이 어떤 것인지를 경험했습니다. 당신은 결국 당신을 따라잡을 수밖에 없는 우울증보다 앞서 가려고 언제나 계속 달려왔어요. 왜냐하면 당신의 외적 성취들이 당신의 정서적 필요들을 결코 충분히 채워줄 수 없기 때문입니다.

클라라는 내 말을 한 마디도 빼놓지 않고 받아들였다. 계속해서 며칠 동안 나는 그 진술을 많은 다른 방식으로 반복했고, 그녀는 그것에 관해 매우 상세하게 이야기했다:
'선생님은 우리 가족이 성취에만 관심이 있다는 것을 어떻게 아셨죠?'
'당신이 나에게 말했잖아요.'
'그랬어요?'
'예.'

'재미있네요. 하지만 기억이 나지 않는 데요.'
'당신 자신이 하는 말을 듣지 않으니까요.'
'내가 내 자신이 하는 말을 듣지 않나요?'
'당신은, 당신의 부모가 그랬던 것처럼, 말하는 사람들을 경멸해요. 뭔가를 "하는 것(doing)"만이 칭찬을 받죠. 그래서 당신은 당신이 성취한 것은 대단하게 여기지만, 당신이 말하는 것을 듣지는 않아요. '

이와 같은 짤막한 대화들은 설명이 무엇인지를 밝혀준다. 그것은 이제 피분석자의 지성의 일부가 된 '훈습'의 한 부분이다. 클라라의 질문들은 이 훈습 과정 동안에 내재화되었을 법한 잠재적 원칙들이 언어화된 것이었다. 그것들은 그 다음에 그녀의 삶을 지배했던 방식을 변화시킬 변형된 정신적 구조의 일부가 될 것이다. 그러나 그러한 재구조화가 발생할 수 있기 전에, 그녀는 '대상을 사용'하고, 설명에 뿌리박고 있는 주제들에 대해 작업하고, 그것의 모든 측면에 대해 질문할 필요가 있었다. 그것은 그녀가 자유로워지기에 앞서, 연장된 분석의 집중적인 다섯 주를 차지했던 긴 침묵의 시간들 사이에 여러 번 논의되었다.

또 다른 사례를 들어보겠다.

헬렌은 근면하고 친절했지만 서로에 대한 모든 친밀한 연결을 닫아버리는 상냥한 사람들로 구성된 가정에서 성장했다. 그녀는 여덟 살부터 열네 살까지 기숙사에서 살았고, 부모 중 누구도 그녀를 보러 가지 않았다. 그녀는 여름이 되면 집에서 농네 친구들과 주로 TV를 보면서 보냈고, 삶은 충분히 좋아보였다. 대학을 졸업한 후에 그녀는 토비와 결혼했고, 세 자녀를 두었으며, 지역신문을 위한 편집부 직원으로 일했다.

그녀는 매우 기운차고 명랑한 사람으로 보였다. 그녀는 주로 지역 교회에 참여하는 것을 통해서 알게 된 많은 친구들이 있었고, 사람들이 종종 그녀의 충고를 구했기 때문에 그녀는 자신이 '사람들과 잘 지낸다고' 자부하고 있었다. 그녀는 스스로를 '자격증이 없는 인생 코치'라고 생각하기를 좋아했지만, 자기(self)에 대해 성찰하는 것을 피했으며, 그녀 자신에 대한 통찰도 그녀의 과거에 대한 관심도 없었다. 그녀는 오십 대 중반에 느닷없이 찾아온 것으로 보이는 공황발작으로 인해 분석을 받으러왔다. 그런 일이 발생했을 때 그녀는 며칠 동안 그녀 자신에게 무슨 문제가 있는지를 곰곰이 생각하면서, 계속해서 우울증에 빠졌다.

분석의 첫 해, 헬렌이 그녀의 인생 첫 십년 동안에 있었던 일에 대해 아무것도 기억해내지 못한 것은 놀라운 일이었다. 그녀의 부모에 대한 묘사들은 무미건조했고, 그녀가 자신이 여덟 살 때 엄마가 십오 개월 동안 사라졌었다는 말을 했을 때, 그것은 정말 상당한 충격이었다.

'엄마가 사라졌었다고요?'

'예, 그랬던 것 같아요.'

'잘 몰라요?'

'아니. 알아요. 엄마가 사라졌었어요.'

몇 분간의 침묵이 있은 후에, 헬렌은 그날 저녁을 위해 준비된 사교적 이벤트, 다음 주에 있을 교회 야유회, 그리고 다양한 다른 문제들에 관해 이야기를 계속했다. 우리는 회기의 종결까지 십 분 정도 남겨두고 있었다.

'당신의 엄마가 또 사라졌군요.'

'뭐라고요?'

'그녀가 당신의 이야기에서 말없이 사라졌고, 당신이 다른 것들에 대한 이야기로 옮겨가면서 실종되었다고요.'

'저, 내 말은 … 내가 말했죠. 내 생각에, 저, 그게 다예요.'

'"그게 다"라고 생각했다고요?'
'네, 그런 것 같아요.'
'쉽게 왔다가 쉽게 가는 …'
'글쎄요, 모르겠어요. 기억이 안 나요.'
'알겠어요. 그러나 바로 지금 여기에서 당신은 꽤 놀라운 사실―당신의 엄마가 열다섯 달 동안 사라졌던 일―을 기억하고 있었고, 그 다음에 그녀는 회기에서 사라졌어요.'
'내가 다른 식으로 했어야 했나요?'
'내가 당신을 비판하고 있다고 느끼는군요.'
'아니요, 그렇지는 않아요. 그러나 선생님이 꽤 충격을 받은 것 같다는 건 알아요.'
'예, 정말 그래요. 그런데 당신은 충격을 허용하지 않는군요.'
 이런 식의 대화가 그녀가 붕괴되기 전까지 우리가 가졌던 회기들의 전형적인 모습이다. 비록 그녀는 회상되는 것이 없다고 주장했지만, 갑자기 놀라운 기억이 떠오르곤 했다.
 분석 삼 년차에 토비가 그녀를 떠났다. 그는 십 년 동안 다른 애인이 있었고, 헬렌이 그것을 알았을 때에는, 그녀만 빼고 모든 사람들이 그 사실을 알고 있었다.
 그녀는 깊은 충격을 받았다; 그녀는 남편이 불행하다는 것을 전혀 알지 못했고, '이런 일이 일어날 거라고는 생각지도 못했다.' 그녀의 남편은 그녀가 도무지 접촉이 불가능한 사람이어서, 자신이 더 이상 견딜 수 없다고 말하면서, 결혼생활이 힘든 이유에 대해 반복해서 이야기했었다. 하지만 그녀는 남편의 떠남을 수용하기를 거부했고, 그를 되찾아올 수 있다고 확신했으며, 화해의 장면들을 연습하기 시작했다. 그들은 마켓이나 교회에서 마주치게 되고, 그때 그녀가 그의 품에 안길 것이고, 그러면 다시 예전으로 돌아갈 것이다.

헬렌은 동요된 우울증(agitated depression) 상태에 있었다. 나는 돌보는 시스템을 준비했고, 우리는 일주일에 7회, 하루에 두 번 90분 동안 만나기로 했다. 그녀가 잠을 잘 수 없었기 때문에 정신과의사에게서 수면제를 처방받았고, 또한 낮 동안에 공황발작이 너무 심해서 그녀 자신을 진정시킬 수 없을 경우를 대비해서 밸륨(valium)을 준비해두기로 했다.

오래지 않아 기억들이 분석 안으로 쇄도해 들어오면서 그녀를 압도했다. 그녀는 근원적 불안 상태들을 넘나들었고, 나는 그녀가 그토록 힘들어 하는 것이 전적으로 이해할 만한 것이고, 그녀가 놀라운 자산들을 갖고 있으며, 또한 용기 있는 사람이이기 때문에, 우리가 이 작업을 성공적으로 해낼 것이라고 말하는 것을 통해서, 그녀의 회복을 도우려고 노력했다.

붕괴의 결정적인 단계에서, 그녀에게 명료한 설명을 제공하는 것이 가능했다. 나는 이렇게 말했다:

당신은 인생에서 많은 것들을 피해왔습니다. 당신은 일, 아이들, 그리고 교회 친구들에게 초점을 맞췄지만, 불편하게 하는 것이면 무엇이든 고개를 돌렸어요. 이 말은 당신이 다른 사람들뿐만 아니라 당신 자신에게서도 거리를 두었다는 것을 뜻합니다. 당신은 당신 자신을 들여다보는 것을 두려워했는데, 그 이유는 당신의 가족 안에서 일어나는 모든 것들과, 망명생활을 하고 있는 자신에 대한 내면의 모든 느낌들로 인해, 당신 안에 있는 것을 보지 않는 것을 통해서 살아남을 수 있었기 때문입니다. 당신이 심하게 고통스러운 상황에 처해 있는 지금, 당신은 당신의 마음을 현실을 전치시키는 데 사용하려고 시도하고 있습니다.

헬렌은 이 설명을 여러 번 반복해서 들을 필요가 있었다. 처음에, 그녀는 성적으로 유혹적인 옷을 차려입고서 남편의 직장으로 찾아가, 자신에게로 돌아오라고 간청하는, 행동화로 반응했다. 그 다음 회기에서 그녀가 말했다:

'우리가 다시 합칠 수 있다는 생각에 선생님도 동의하시죠? 그렇지 않나요?'

'당신의 마음이 그렇게 생각할 수 있다는 것에 대해서요?'

'아니요, 내 말은 내가… 만일 내가 그렇게 할 수 있는 확실한 방법을 안다면, 남편을 되찾을 수 있다는 거예요. 선생님은 원칙적으로 그것에 찬성하시잖아요. 그렇지 않나요?'

'나는 학교에 버려진 아이가 현실이 변하지 않을 때, 그 상황에서 벗어날 수 있는 방법이 있다고 믿어야 한다는 데 동의합니다.'

'그러나 내 말은, 내 남편에 관해서가 아니라, 이론적인 질문을 하자면, 선생님은 사람들이 다시 합칠 수 있는 방법이 없다고 생각하시는 건가요?'

'아니요. 그렇게 말하는 것이 아니에요.'

'그러니까, 그게 가능하다고 동의하시는군요.'

'추상적으로는 그래요. 현실에서, 당신의 현실에서는, 미안하지만, 동의하지 않아요. 그게 나의 느낌이에요. 그러나 나에게 마법의 유리구슬 같은 것은 없습니다.'

'좋아요. 그 말은 내 남편이 마음을 고쳐먹을 가능성이 여전히 있다는 것이고, 그래서 선생님이 지금 내 말에 찬성하신다는 거네요?'

'나는 당신이 현실을 원하는 대로 만들려고 애쓰고 있고, 내가 당신의 소원들과 동조하도록 강요하고 있다고 생각합니다.'

'난 그렇다고 생각하지 않아요. 나는 다만 여기에서 어떤 것을 분명히 하려고 시도하고 있어요. 왜냐하면 나는 선생님이 하

는 말을 높이 평가하거든요.'
 '나는 당신이 커다란 고통을 겪고 있다고 생각합니다. 당신은 나에게 당신의 마음이 어떻게 현실을 만들 수 있다고 믿는지를 보여주고 있습니다.'
 '그러나 그건 선생님의 의견일 뿐이에요. 맞죠?'
 '예, 그건 나의 견해일 뿐이에요.'
 '선생님이 틀릴 수도 있고요.'
 '예. 내 마음은 당신의 마음만큼이나 현실을 결정할 수 없지요.'

 여러 날 동안, 이런 식의 대화들이 진행되었고, 때로는 90분 회기 내내 그렇게 진행되기도 했으며, 헬렌의 동요 상태는 극도에 달했다. 그러나 여섯 주 후에, 나의 지속적인 설명은 중간적인 정신현상으로 기능하기 시작했다. 행동화를 하고 나면, 그녀는 '선생님이 무슨 말을 할지 알아요 …'라고 말하곤 했고, 그러면 나는 '그 말은 당신이 무슨 말을 하려고 하는지 안다는 거네요'라고 응답하는 식으로 회기가 진행되었다. 그 시점에서 그 설명은 단순히 내사된 것이었지만, 차츰 그것은 헬렌이 그녀의 현실과 과거에 대한 정확한 번역으로 이해한 *개념*이 되었다. 최종적으로, 그것은 그녀의 자산이 되었고, 이런 일이 일어나면서 헬렌은 붕괴에서 벗어났다.
 분석이 종결되었을 때, 헬렌은 붕괴를 삶을 변화시킨 강력한 사건으로 회상했다. 그때쯤에는 정확한 이슈들에 대한 이해는 시들해졌고, 그것은 과도한 애착과 지나친 불안에 대한 모호한 언급들이 되었다. 하지만 그 자리를 대신 차지한 것은 새로운 정신구조들이었다. 그녀는 정기적으로 자신의 내면세계를 들여다보았고, 무슨 일이 일어나는지에 대한 꿈들과 생각들을 보고했다. 그녀의 관계들에 담긴 경조증적 속성이 줄어들면서, 그녀의 친구들의 수는 더 적어졌지만, 그녀가 삶에 좀 더 깊이 뿌리를 내리면서 그녀의 우정은 더 깊어졌다.

위에 서술한 종류의 대화들은 전통적 정신분석처럼 보이지 않을 수 있다. 하지만, 그런 상황들에서, 분석가와 환자는 어떤 것을 훈습하고 있었고, 매우 의식적으로 그 일을 하고 있었다.

철학자이자 심리학자인 라두 보그단(Radu Bogdan)의 작업은 정신분석이 이 수준에서 어떻게 기능하는지를 이해하는 데 도움을 수 있다.1) 그는 '기초 정신적'(mentamental) 능력과 '성찰'(reflexivity) 능력—자신의 사고에 대해 생각하는 마음—이 아동기에서 성인기에 이르기까지의 마음들 사이의 관계의 발달에 기초해 있다는 흥미로운 이론을 제시한다. 내 생각에, 그는 이런 식으로 환자와 만나는 것을 통해서 우리가 피분석자의 '간-정신적'(intermental)1) 역량을 발달시키고 있고, 그것은 최종적으로 증가된 '내부-정신적(intramental)' 능력으로 인도할 것이라고 주장하고 있다.

나는 이것이 이런 이슈들을 문제들을 개념화하는 데 유용한 방식이라고 생각하며, 대부분의 분석가들은, 적어도 부분적으로, 그런 생각에 동의할 것이라고 본다. 하지만 보그단은 꿈이 마음에 부과하는 요구는 완전히 무시한다. 연상들과 예언들을 지원하는 원초적인 정신적인 사건으로서의 꿈에 초점을 맞추는 것을 통해서, 성찰에 대한 프로이트의 이론은 단순하게 타자들과의 정신적 관계가 내재화된 것이라는 이론보다 훨씬 더 깊이 들어간다. 내가 이곳에 발표한 작업의 어떤 측면들은 보그단의 용어들을 사용해서 서술될 수 있는 반면에, 이런 형태의 분석적 훈습의 핵심은 피분석자의 의식적 사고과정을 그의 무의식적인 삶과

---

1) Bogdan, Radu J., 2000. *Minding Minds*. Cambridge, MA, London: MIT, p. 3.

끊임없이 연결하는 것이다. 분석가의 마음과 관계를 맺는 것을 통해서—내부-정신의 구조들이 되는, 간-정신의 역량을 발달시키는—환자는 또한 의식과 무의식 사이, 즉 서로 영향을 주고받는 두 개의 다른 사고방식들 사이의 관계를 진전시킨다. 이 활동은 이런 부류의 피분석자들의 삶에서 상실되었거나 너무 적게 사용되었던 대상관계적 자극을 의식에게 빌려준다.

그런 순간들에 발생하는 분석가와 피분석자 사이의 교환들은 단순한 대화이거나, 외적인 행동처럼 보일 수 있다. 사실, 나는 그것들이 *정신 경험(mental experience)*을 설명해주는 방식이라고 생각한다. 물론 다른 사람의 마음을 읽는 것은 불가능한 반면, 이런 종류의 대화는 거의 연극에서의 독백에 가깝다. 제임스 허쉬(James Hirsh)가 지적하듯이, 독백은 우리가 내적으로 어떻게 말하는지를 보여주기 위해 의도된 것이 결코 아니었다; 우리는 이런 식으로 우리 자신에게 말하지 않는다.2) 그러나 그것은 정신적 삶에 관해 무언가를 보여준다.

위에서 설명한 간-정신적 활동들은 피분석자들로 하여금 그들이 생각하는 방식 그대로를 현장에서 관찰하고 경험하도록 허용해 준다. 그들은 그들의 사고들을 듣기보다는 그들의 정신적 과정을 경험한다. 반복해서 이것을 행하는 것을 통해서, 그들의 정신성은 관점을 가진 고려 대상이 될 만큼 충분히 실연된다. 다시금, 비록 분석가가 특별한 아이디어들, 또는 내용을 도입할 수 있다고 해도, 더 중요하게는, 분석가들이 자기에 대해 생각하는 특정한 방식을 가리키는, 정신분석적 마음이 기능하는 *형태*를 보여주는 것이다. 이것은 차츰 환자로 하여금 그들의 마음이 어떻게 작용하는지, 어떤 사고패턴들이 전형적인 것으로 자리를 잡

---

2) Hirsh, James, 2003. *Shakespeare and the History of Soliloquies*. Madison and Teaneck, NJ: Fairleigh Dickinson University Press.

는지, 그리고 이것들이 결정적인 순간들에 그들을 잘못 인도하는지를 이해할 수 있게 해준다.

오늘날 의식에 대한 많은 이론들이 산출되고 있는데, 너무 자주 우리가 모르는 사이에 의식이 자기-결정적(self-determining)이라는 환상이 조장되고 있다. 사실, 설령 우리가 사안이 지닌 논리에 묶여 있는 과제에 초점을 맞춘다고 해도, 의식의 순간들 사이를 연결시켜주는 고리들은 항상 무의식이다. 거기에는 기껏해야 의식적인 아이디어들의 흐름과 근저의 무의식적 사고 사이에는 연결되지 않은 평행이 존재한다. 자유연상의 과정에 대한 상세한 연구는 의식적 사고들의 흐름이 무의식적으로 결정되는 것임을 분명하게 보여준다.

심지어 객관성의 공적 수호자들인 과학자들조차도, 비록 그들이 의식적으로 결정된 관찰의 엄격한 경로를 따를 수는 있지만, 결정적인 깨달음(breakthrough)—명료한 사고한 사고의 갑작스런 도래—은 종종 느닷없이 찾아온다는 사실을 인정할 것이다. 의식의 모든 노동들에도 불구하고, 개인의 창조성의 원천이자 그 창조성의 안내자는 무의식적 사고이며, 모든 정신분석들 안에서, 의식과 무의식적 사고 사이에는 매혹적인 친밀성이 존재한다.

나는 붕괴를 겪고 있는 사람들에게 왜 그들이 그런 상태에 있는지를 설명해주는, 그리고 종종 보그단이 '간-정신적 관계'라고 부른 영역 안에서 일련의 도전적인 논의들로 이끄는, 명료한 요약을 제공하는 것이 가치 있는 일임을 강조했다. 사고들이 교류되면서, 마음들은 연장되고 훈련되며, 환자는 이제 전에는 그들의 삶에 대해 거의 성찰해보지 않았을 수 있는 영역에, 의식적인 사고를 적극적으로 사용하게 된다

설령 환자의 사고들이 방어에 의해 추동되고, 소망으로 가득하거나 끝없이 반복되는 것이라고 해도, 분석가가 이 간-정신적

활동 안에서 그들과의 관계에 참여한다면, 그때 변형을 가져다 주는 실질적인 설명들을 위한 기초 작업이 이루어지게 되고, 환자는 그 설명들을 구조화할 것이다. 하지만, 중요하게는, 환자가, 마음이 고도로 역동적인 방식으로 자체의 현실들 모두는 경험하도록 허용하는 변증법적 과정에 기초해서, 스스로 자신의 사고들을 생각할 수 있는 방식을 발견하게 될 것이다. 그때 그의 마음은 다른 마음들 그리고 대상 세계 모두와의 관계에 참여할 것이다. 그것은 또한 무의식적인 정신 내용과 무의식적인 사고방식을 수용할 준비를 갖출 것이고, 그 결과 새로운 내부-정신적 활동이 자리를 잡을 것이다; 두 개의 경쟁하는 의식적 사고 사이에서가 아니라, 의식과 무의식 사이에서 이루어지는 활동.

제11장
정신의 변화

　내가 제안하고 있는 방법의 배후에 있는 근거는 만약 정신분석가나 심리치료사가 환자들이 붕괴의 초기 단계들에 있다는 사실을 감지할 수 있다면, 그들이 무너지기 전에 그들을 잡아줄 수 있다는 가정에 기초해 있다.
　나는 붕괴가 자기(self)의 초기 삶에서 경험한 사건들, 또는 자아의 취약성으로 인한 해체의 경험들이 많은 세월이 지난 후에 지연된 이슈들(deferred issues)로서 다시 출현하는 데 따른, 심리적 사건이라고 제안한다. 비록 이 갑작스러운 사건이 환자 자신들과 그들의 친구들과 가족 모두에게 끔찍한 일일 수 있지만, 깊은 의미가 있는 기억들, 정신적 전략들 그리고 과거로부터 온 고통스러운 정서들과 만나는 것은 임박한 파국을 깊은 변화를 위한 잠재적 공간으로 변형시킬 수 있다.
　에밀리, 안나 그리고 마크의 사례들을 돌아볼 때, 정신의 변화와 관련해서 몇 가지 명백해진 것들이 있다.
　이전에 감추어져 있던 것의 도래와 함께, 강력한 정서적인 사실들이 자기의 아동기 외상들과 오래된 내적 취약성들로부터 거의 직접적으로 알게 되는 것이 있다. 필수적으로, 이것은 붕괴를 겪는 사람이 퇴행할 것이고, 종종 놀라게 하는 방식으로 그럴 것임을 의미한다. 안나는 장(腸) 기능을 상실했고, 마크의 흐느끼는 울음은 성인남자-유아가 혼합된 사람의 울부짖음이었다. 붕괴 중인 자기가 갖고 있는 원색적인 힘은, 분석가가 상황을 담아주는 데 필요한 것을 적절하게 제공해주지 않는 한, 끔찍한 것일 수 있다.

고통의 심화는 분석적 돌봄에 대한 환자의 필요를 획기적으로 증가시켜줌으로써, 정신분석에게 그것 자체의 효과를 높이기 위해 새로운 시도를 해볼 수 있는 비범한 기회를 제공해주었다. 처음부터 이것은 분석가 편에서의 적응을 포함했다: 회기 빈도의 증가, 연장된 회기들, 지원 팀의 구성. 이것은 피분석자의 현재의 필요들을 채워주는 것과, 환자의 초기 심리 역사의 일부였던 대상과는 다른 대상을 제공하는 것, 이 두 가지 모두를 가능케 해주는 안아주는 환경을 제공했다.

에밀리의 엄마와 아빠는 에밀리를 어릴 때 친척들에게 버렸다. 안나의 엄마는 안나에게서 자신이 바랐던 유형의 딸을 찾을 수 없었고, 그래서 안나는 자신의 엄마와, 아빠에 대한 이상화에 의해 완화된 냉정한 관계를 발달시켰다; 그녀가 평생 계속해서 의존해야만 했던 것, 마크의 엄마는 약했고, 그의 아버지는 소원하고 때때로 잔인했지만, 그는 자신이 부모의 실패들을 그들을 벌주기 위한 창으로 사용했다는 것을 알고 있었다. 그는 전략적으로 역-잔인성을 목표로 한 고립된 자기를 발달시키는 것으로 반응했다: 그는 타인들이 자신의 삶 안으로 들어오지 못하도록 자물쇠로 잠갔다.

이 환자들이 부분적으로 자신들이 사랑했던 사람들에 의해 거절당한 일로 인해 무너지면서, 그들의 방어적 전략들이 실패했고, 그들은 그들의 인격의 기본적인 결함을 만들어냈던 최초의 외상들에게로 돌아가게 되었다. 나는 그 최초의 외상들 안에서 위기의 강도를 경험해낸 것과, 그들의 필요들이 분석적으로 이해받을 수 있었던 것 때문에, 그런 방어들을 분석하는 데 소비되는 수년에 걸친 시간들을 면제받았다고 확신한다.

에밀리는 분노의 덩어리와 충돌했는데, 나는 그것을 견뎌냈고, 그것을 그것의 기원과 연결했다. 비록 그녀의 자기감이 어느 정도 불안정했지만, 그녀는 덜 차갑고, 덜 경직된 그리고 타인들과 정서적으로 더 많이 연결된 개인으로 다시 태어났다. 안나가 제공된 돌봄을 받아들였을 때, 그녀는 산산조각이 났지만, 그녀의 예리한 지적 이해는 나의 해석들을 변형적 대상으로 사용할 수 있도록 허용했다. 마크의 황량함은 그가 성인이 된 이후의 삶에서 전례를 찾을 수 없는 것이었고, 그의 주변 세계는 함몰되고 있었지만, 그는 그것이 그의 삶에서 엄청나게 중요한 사건임을 인식할 수 있었다. 과거의 날 것 그대로의 상처들이 정서적으로 일관성 있는 역사로 변형되는 것은 깊은 안도감과 통합을 가져다주는 것이었다. 그의 인격의 이질적인 부분들이 한데 모아졌고, 자기 이해가 거의 없던 남자가 갑자기 자기 자신을 의미 있는 존재로서 느끼게 되었다.

각 사례에서, 이 변형적인 순간들은 그 사람의 세계관과 자신을 바라보는 관점에 근본적인 것이었던 원칙들을 바꿔놓았다. 에밀리는 살아남기 위해서는 그녀와 똑같이 고통스러워하는 타인에게 애착해야만 한다는 가정을 포기했다. 그녀의 정신 구조는 이제 그런 애착에서 그녀를 풀려나게 했고, 이 자유가 그녀를 취약하게 느끼도록 만들었음에도 불구하고, 그것은 삶의 더 풍부한 경험들에 자기를 개방했다.

안나는 자기의 가치가 자신의 성취에 대한 타인들의 찬양을 통해서만 발견될 수 있다는 원칙을 포기했다. 그러 원칙이 있던 곳에는 그녀가 결코 이상적인 존재가 아니며, 자신의 불완전성에 대한 인정이 자비로운 해방이었다는 깨달음이 자리를 잡았다. 이것은 그녀 자신뿐만 아니라 타인들을 위한 공감능력을 가져다주었다.

마크는 거절에 대한 모든 힌트에 대해 즉각적으로 '눈에는 눈'으로 반응해야 한다는 원칙을 따라 살았었다; 그는 사랑할 수 있는 자기의 능력에 문을 닫아야만 했다. 이것은 그에게 힘과 명령권을 갖고 있다는 환상을 주었지만, 실제로 그것은 꽉 막히고 비좁은 정서적 우주를 결과로 가져왔다. 그가 거절 이후에도 사랑이 머무르도록 허용할 수 있다는 것을 발견했을 때, 그는 어머니와 아버지를 사랑하는 것으로 인한 정신적 고통—오래전에 분리시켰던—과 자신을 연결시킬 수 있었다.

환자가 그 지점에 도달하는 데 얼마나 걸릴 것인지를 말하는 것을 불가능하다. 아마도 온 종일 회기들을 수용했던 환자들은 더 빨리 변화했고, 어떤 점에서, 내가 오랜 기간에 걸쳐 오랫동안 작업했던 사람들보다 더 깊이 변화했다. 다른 변수는, 항상 그런 것은 아니지만, 그 사람의 정신 병리의 본성과 관련이 있는 것으로 보인다.

회복의 비율을 좌우하는 것이 있다면, 나는 그것이 붕괴의 신호들과 내가 선택한 전략의 적절성에 대한 신호를 읽어내는 기민함일 것이라고 생각한다. 그러나 그것은 또한 피분석자의 자아가 지닌 변형 능력에도 의존해있다: 다시 말해서, 피분석자가 자아 방어들을 용해시키는 붕괴에 대한 정신분석의 변형적 기능을 통해서, 이해 받는 것(자기의 안전에 대한 위협으로 해석된)에 대한 자기의 질병을 방어하는 것으로부터 자기를 위해 새롭게 만들어진 길의 발견에로 얼마나 빨리 옮겨갈 수 있는가에 달려 있다.

피분석자가 붕괴에서 회복된 후에 좀 이상한 일이 발생한다

... 아니, 오히려 이상한 일이 아니다. 환자는 이런 강렬한 시간 동안에 무슨 일이 있었는지, 또는 자신이 어디에 있었는지에 대한 기억이 전혀 없어 보인다. 의심의 여지없이, 이것은 부분적으로 그 경험이 언어적으로 설명될 수 있는 것이 아니기 때문이지만, 거기에는 또 다른 요인이 있어 보인다. 그것은 마치 보호적인 기억상실증의 한 형태—아동기에 대한 기억상실과 같은—가 환자를 감싸는 것처럼 보이고, 그때 그는 변형된 상태로, 그러나 마치 그 새로운 자기가 항상 거기에 있었던 것처럼, 삶을 살아간다.

거기에는 이 자기-상태를 둘러싸고 있는 방어성이 없는데, 나는 그 이유가 그 사람이 심오한 경험들을 겪어냈다는 사실을 잊었기 때문이라고도 생각하지 않는다. 그 이유는 발생했던 그 과정이, 즉 다양한 형태들로 의식 안으로 들어갔던 그 과정이 이제 무의식적인 삶과 새로운 자아조직에로 돌아갔기 때문이라고 생각된다. 의식적인 자기는 그들이 붕괴했었다는 것을 회상할 수 있지만, 그 정서적 경험들에 대한 기억은 별로 남지 않는데, 그것은 이 놀라운 돌파 사건의 일부이다.

붕괴는 문제 해결을 위한 돌파구였을 수 있지만, 그것은 또한 모든 사람들에게 가장 끔찍스런 경험들 중의 하나이다. 그들이 일단 붕괴에서 벗어나면, 앞으로 나아가기를 열망한다. 그들은 다시 일상의 삶으로 들어가는데, 처음에는 조심스럽게, 그러나 그 다음에는 활기차게 삶에 참여한다. 교훈적이고, 변형적이며, 끔찍스러운 붕괴는 이제 과거가 되었다. 그것은 잊지 못할 순간으로 보유되지 않을 것이다.

분석의 이전 패턴—관례적인 시간들, 일상적인 총 시간—의 재개는 안도감과 함께 수용되는데, 나는 붕괴 시기의 강도를 상실한 것을 그리워하는 환자는 단 한 명도 보지 못했다. 나는 이것을 좋은 징조로, 그들이 '대상을 사용했다는' 표시로, 그리고 그들이 생명 본능의 후원 하에 그것을 뒤에 남겨둘 수 있다는 신호로 본다.

　정신의 붕괴가 정신분석을 만날 때, 자기는 지각 있고, 인내심 있으며, 헌신적이고, 이해심이 있는 타자를 제공받는다. 그러한 긴급한 필요의 순간에 그와 같은 타자가 나타난다는 것은 현재와 과거 모두에 대한 심오한 치료적 요소이기 때문이다.

제 12 장
결론

정신분석은 그 어떤 것도 평범하지 않다. 분석가는 일을 해나가는 동안 사람들이 분석 공간을 차지하고 그 과정을 사용하는 현저하게 다른 방식들로 인해 충격을 받을 것이다.

그럼에도 불구하고, 거기에는 변하지 않는 것들이 있다. 거기에는 45분간, 주 4 또는 5회, 수년 간 지속되는 동일한 장소 등으로 구성된 틀이 있고, 환자가 의미를 추구할 필요 없이 자유롭게 말하는 동안, 분석가는 의식적인 안건을 갖지 않은 채 자유롭게 듣는 것으로 이루어진 과정이 있다. 전통적인 정신분석의 구조는, 일반적으로 말해서, 전이 안에서 오래된 가정들이 펼쳐지는 것을 허용하면서, 자아의 방어들과 저항들을 서서히 완화시키는 동시에, 피분석자의 퇴행들과 임상적 필요들을 다루는 데 훨씬 더 적합할 것이다.

이 책은 특정한 상황들에서, 분석적 틀을 변경할 것을 옹호하지만, 과정의 변경을 주장하지는 않는다. 새로운 구조는 피분석자로 하여금 위기를 통과하도록 돕고, 그 다음에 일반적인 계약의 신뢰성으로 돌아가는 것을 허용하기 위해서 일시적으로 설정된다.

심지어 가장 숙련된 분석가조차도 여기에서 묘사한 종류의 상황들을 마주칠 때, 불안을 느낄 것이다. 이런 신호 불안은 자연스럽게 임상가로 하여금 변화된 임상상황 하에서 환자의 필요들을 어떻게 충족시킬지를 고려하도록 인도하는 중요한 심리적 지표이다. 어떤 임상가들은 문제 해결을 위해서 그리고 피분석자의 괴로운 상태를 완화시켜주기를 바라면서, 즉각적으로 약물치료를 해줄 동료에게 의뢰하는 것을 생각할 것이다. 다른 임상가들은 일정 기간의 입원을 하도록 조처를 취할 것이다. 하지만, 독자는 지금쯤 내가 정신의 붕괴를, 정신분석의 맥락 안에서, 만약 분석가가 단순히 더 많은 정신분석을 제공한다면, 치료를 위한 하나의 돌파구로 이끌 수 있는, 변형적 잠재력을 지닌 사건으로 간주한다는 것을 알고 있을 것이다.

  나의 관점에서 볼 때, 붕괴하고 있는 피분석자를 입원시키는 것은 심리적 재앙이다. 입원은 빠른 시간 안에 환자의 유독한 마음의 상태를 해독할 수 있지만, 그렇게 하는 것은 자신의 아이들을 보살필 수 없어서 그들을 양육기관에 위탁하는 것과 비슷하다. 실제로 소독된 병동에서 하얀 가운을 입은 여러 직원들을 차례로 만나는 것은 비인간적인 환경 안으로 다시 태어나는 것과 비슷하다. 만일 분석가들이 그들의 환자들이 입원이라는 외상적인 사후-사건을 피하기를 바란다면, 나는 그들이 다른 선택의 여지가 없다고 본다.

  만약 피분석자들이 이 과제를 받아들인다면, 왜 그들이 틀의 변화를 수용해야 하는지를 분명하게 설명하는 것은 정신분석가의 책임이다. 처음에는 어느 정도 저항이 있을 수 있겠지만, 나는 그것을 자아의 힘을 나타내는 중요한 지표로 간주한다; 또한 그것은 자신들의 삶에 머무르고, 고통을 다루는 전통적인 수단을 사용하고자 하는 소망의 지표이다. 그러나 위기에 처한 피분석자들은 거의 즉각적으로 그런 변형들을 수용할 것이고, 붕괴가 전체 과정을 통과하는 데 필요한 만큼 추가적인 시간을 사용할 것이다.

나는 이런 방식으로 일하는 모든 임상가는 이런 힘든 시기 동안에 분석가와 환자를 지원해줄 팀을 구성해야 한다고 권고했다. 설령 임상가가 분석가이면서 또한 정신과의사라고 해도, 제 2의 견해를 제공해주는 동료를 참여시키는 것이 중요하다. 외래 지원팀은 보통 입원환자에게 제공되는 돌봄의 유형을 반영하는데, 내 경험에 의하면, 처음에는 그런 제안을 받아들이는 데 환자가 약간 주저하더라도, 팀의 지원은 환자에게 정서적으로나 실질적으로 의미 있는 것이었다.

분명히, 최근에 자격을 갖춘 임상가는 보완적인 협력 임상가의 역할을 담당해주는 경험 있는 슈퍼바이저 없이 이런 종류의 일을 맡아서는 안 된다. 그러나 나는 경험 있는 임상가들의 경우에는 이때 슈퍼비전을 받으라고 추천하지 않는다. 일단 분석가가 그 과제를 수용하면, 그는 주로 피분석자의 자유연상과 전이의 사용에 내재된 논리에 의해 안내받아야 한다; 붕괴라는 단어는 슈퍼비전을 하는 타자에게 적절히 번역해주기에는 너무 복잡한 것이다. 동료들이 '정말로' 일어나고 있다고 생각하는 것을 말할 때, 그것은, 아무리 좋은 의도를 가진 것이라고 해도, 분석가가 환자와 맺고 있는 중요한 무의식적 접촉을 깨뜨리기 쉽다.

지난 35년 동안 내가 묘사한 방식으로 붕괴 직전에 있는 사람들과의 직업에서, 나는 한 번도 환자를 입원시켜야했던 적이 없다. 어떤 사례들은 단순히 운이 좋았다는 것이 분명한 사실이지만, 나는 이것이 연장된 정신분석의 효율성에 대해 무언가를 말해준다고 믿는다. 만일 강화된 정신분석 치료가 효과가 없다고 느꼈다면, 나는 주저 없이 환자를 입원시켰을 것이다. 그러나 그런 일은 일어나지 않았다.

위니캇은 거짓자기 방어들의 해체를 성공적인 분석을 위한 필수요건으로 보았고, 따라서 그는 퇴행이 그 자체로서 가치가 있는 것으로 보았다. 많은 임상적 상황들에서 위니캇의 피분석자들은 '개인적인 현실' 또는 참자기에 대한 느낌을 발견하기 위해, 직업, 가족, 책임 등에서 높은 수준의 기능을 포기한 채, 분석가에게 깊이 의존했었다.

하지만, 만약 한 사람이 외부세계에서 살아가는 능력보다 개인적인 현실감을 우선시한다면, 거기에는 심각한 함정들이 있을 수 있다. 발린트(Balint), 칸(Kahn), 콜타르트(Coltart) 그리고 다른 사람들과 마찬가지로, 위니캇은 일상적인 의존을 다루는 데 있어서 전문가일 수 있지만, 나는 분석가들에게 깊고 원시적인 의존 상태를 조장하는 것은 현명하지 못하고 역생산적이라고 믿는다.

붕괴를 겪는 환자와의 작업에서 나는 항상 그들의 자아의 건강에 대해 논의한다: 그들의 직업 생활에서의 능력, 관계에서의 성공, 그들의 고유성이 지닌 강점들, 등등. 내가 이렇게 하는 것은 위기가 그들의 자산에 대한 시각을 상실하게 만들 것이기 때문이고, 만일 그런 상황이 지속된다면 그들이 돌이킬 수 없는 악성적 퇴행으로 빠질 수 있기 때문이다. 그럴 때 붕괴는 평생 동안 지속되는 쇠약함을 위한 출발점이 된다.

그들의 자산들을 언급하는 것은 상담실 안에 상상속의 동반자를 갖는 것과도 같다. 그 동반자는 자기의 건강하고 활기찬 존재이다. 만일 한 사람이 그것에 대한 시각을 잃지 않는다면, 그리고 그것을 자주 언급한다면, 그 활기찬 존재는 의존의 중심적 대상으로 변형된다. 분석가는 틀을 관리하고 안아주는 환경을 제공하는 과제에 관심을 쏟기 때문에, 엄청나게 거대한 모성적 및 부성적 인물의 잔여물이 투사되는 대상이 된다. 그러나 그는 환자의 자아 건강을 희생하면서까지 그런 역할을 떠맡아서는 안

된다. 피분석자들은, 일반적인 치료에서든 아니면 이 강화된 분석이든 상관없이, 자기의 창조성을 포기하고 정신분석가의 돌봄에 의존하기보다는, 그들 자신들의 자산을 알고 그것에 의존하는 것이 결정적으로 중요하다.

위니캇은, 의심의 여지없이, 환자의 적응적인 목록들이 지닌 긍정적인 특징들을 내가 강조하는 것에 동의하지 않을 것이다. 또한 오늘날의 많은 분석가들도 그러할 것이다. 저항, 방어, 그리고 전이를 통한 의사소통들과 무의식적 환상들에 대한 해석이 필요하지만, 성격으로서든, 관계적인 존재로서든, 또는 일하는 사람으로서든, 피분석자가 가진 자아의 자산들에 직접적으로 주의를 기울이는 일도 중요한데, 그런 분석가의 책임에 대해 쓴 문헌은 너무 적다.

물론 어떤 사람의 파괴적인 측면들은 자기의 긍정적인 속성들을 시기할 수 있고, 그런 경우 그런 속성들이 강조되면 분석가를 향한 증오가 강렬해질 수 있다. 어떤 환자들은 분석가가 신실하지 않다거나, '그들을 속인다'고 비난할 것이다. 하지만 이런 반응들은 보통의 분석에서보다 환자가 붕괴 상태에 있을 때 덜 빈번한 것처럼 보인다. 개인이 상실감에 빠져있거나 자기에 의해 버림받았다고 느낄 때, 건강한 측면들과의 그런 연결들이 이루어질 때, 거기에는 분명한 안도감이 발생할 것이고, 이것은 장애 입은 자기의 부분들과 그것의 생성적인 부분들 사이에서 가치 있는 대상관계의 형태가 될 것이다.

우리 모두에게 있어서, 유일하게 가장 중요한 관계는 우리 자신의 자기와의 관계이다. 이것을 개념화하기는 어렵지만, 나는 윌리엄 제임스(William James)와 허버트 미드(Herbert Meade)가 '일인층으로서의 나'(I)와 '삼인층으로서의 나'(me) 사이의 관계를 논할 때 그것에 근접해 있었다고 생각한다. 한 사람이 붕괴할 때, 그것은 마치 '나를'(me) 잃어버린 것 같고, 그 나에게 말하거나 그 나를 나타낼 방법이 없는 것처럼 느껴진다. 환자의 자기의 긍정적인 측면들을 서술하는 것에 의해서 분석가는, 환자가 자신의 '나'와의 접촉을 잃어버렸거나, 실망이나 증오로 인해 그것에 등을 돌렸을 때조차도, 자기(self)의 '나'에 대해 직접적으로 말하고 있는 것이다.

　이 책에서 탐구되는 방법론은 대부분의 환자 인구를 위해 의도된 것이 아니라는 점을 분명히 해야 할 것 같다. 나의 피분석자들의 압도적인 다수는 내가 연장된 회기들이나 강화된 정신분석을 제공한다는 사실을 결코 알고 있지 않았고, 이것이 내가 지금까지 영국에서 그것을 논의하거나 글로 기록한 적이 없었던 이유들 중의 하나이다. 나는 확실히, 이런 연장된 분석의 추구에 관심이 있는 임상가들이 이 방법을 그들의 동료들이나 환자들에게 하나의 선택사항으로서 제공하는 것을 추천하지 않는다.

　이것은 나를 또 하나의 핵심적 이슈로 데려다준다. 강화된 분석을 요청하는, 어쩌면 사실상 그것을 요구하는 피분석자를 어떻게 할 것인가? 때때로 분석가는 추가 회기들이라는 아이디어에 만족하고, 실제로 그것을 정당화하는 것으로 보이는 방식으로 행동화하는 사람을 만날 것이다. 나는 이 이슈의 어떤 측면들을 나의 책 『히스테리』에서 다루었고, 여기에서는 그런 요구를 수용하지 않는 이유를 상세하게 반복하지는 않을 것이다. 그러나 나는 이 책에서 제시된 작업의 목표는 개인이 붕괴에서 돌파구를 찾을 수 있도록 돕는 것이지, 조종의 한 형태로서, 자기의 내적 세계의 드라마틱한 전개를 위해 마련된 실연에 공모하기 위한 것이 아니라는 점을 강조해야겠다.

　따라서 내가 연장된 분석을 추천해서는 안 된다고 생각하는 사람들이 있다: 특별히, 퇴행 자체를 욕구충족을 위한 것으로 경험하는, 악성 히스테리 환자. 심각한 편집증환자나 경계선 환자와 연장된 회기를 갖는 것에 대해서도 주의 깊게 생각해야 할 것이다. 여기에서 기준이 되는 요소는 임박한 붕괴가 그동안 경계선 방어들이나 편집증 방어들을 사용해서 봉인해왔던 인격의 부분들을 열어주는 정도라고 나는 생각한다.

의심의 여지없이, 독자의 마음속에 많은 질문들이 떠올랐을 텐데, 그것들 중 일부는 자주 제기되는 질문들을 위해서 준비된, 다음 장에서 다룰 것이다.

제 13장
질문들

사차 볼라스(Sacha Bollas)와의 대담

SB: 선생님의 기본적인 전제들 중의 하나는 이 강화된 회기들이 일반적인 분석의 단순한 연장이라는 것이지만, 이것은 일반적인 분석 경험이 아닙니다. 이것의 의미를 밝혀주시겠습니까?

CB: 분석가가 피분석자의 말을 듣고, 자유연상의 논리와 성격의 움직임들과, 일반적인 분석의 모든 다른 측면들에 주의를 기울이는 방식에는 아무것도 다를 것이 없습니다. 실제로 연장된 회기를 일반적인 회기와 동일하게 유지하는 것은, 이러한 틀의 변경이 있기 전의 대상과 동일한 대상으로 남아있는 분석가에게 필수적입니다.

SB: 그러나 선생님께서 정신과의사와 사회복지사 그리고 운전기사를 개입시킬 때, 이것은 확실히 일반적인 분석으로 부를 수 있는 것으로부터 극적으로 떠난 것인데요. 그렇지 않나요?

CB: 나는 그것이 전통적인 실천에서 극적으로 떠난 것처럼 보일 수 있다는 것은 이해합니다. 그러나 붕괴 중인 환자에게 이런 것들은 근본적인 변화가 아니라 필수적인 적응으로 경험됩니다. 만일 환자가 그것을 너무 극적이라고 느낀다면, 그것은 그 상황을 평가하는 데 실패했을 가능성이 높습니다.

SB: 영국에서 1970년대와는 달리 지역별 팀 사회복지사들은 더 이상 존재하지 않습니다. 그리고 선생님이 제안한 것은 여러 다양한 이유로 실행이 불가능한 나라들이 많이 있습니다. 오늘날의 환경 안에서 선생님이 모았던 지원팀을 구성할 수 있는 다른 방식들이 있다고 보시는지요?

CB: 분석적 쌍을 지원해줄 정신과의사가 있는 것은 매우 중요합니다. 안타깝지만, 영국에서 우리가 예전에 가졌던 것과 같은 사회적 서비스가 없어진 것은 사실입니다. 그러나 그러한 관리와 관련된 측면들은 이제 정신과의사들의 더 넓어진 영역으로 편입되었습니다. 만일 정신과의사들이 가족 구성원이나 친구 또는 가령 간호사 같은 사람들이 이런 과정에 개입할 필요가 있다고 결정한다면, 그들은 그러한 조정 기능을 담당할 것입니다.

SB: 기법의 이슈로 돌아가서, 많은 사람들은 정신분석가가 환자를 위해 상황을 더 낫게 만들기 위해 필요한 어떤 특별한 투자에 대해 말하는 것은 정신분석적이지 않다고 주장할 것입니다. 선생님은 어딘가에서 정신분석의 목표는 자유연상이라고 썼는데, 여기에서는 골대를 옮기는 것처럼 보이는데요; 선생님은 더 이상 순수하게 환자를 분석하는 것이 아니라, 도움이 되고자 하는 의도를 드러내는 방식으로 반응하고 있습니다. 그것이 분석가의 역할을 바꾸는 것이 아닌가요?

CB: 그것은 우리가 자살 경향이 있고 심각하게 행동화하는 사람들과 작업하는 법을 훈련받은 것처럼, 분석가들이 붕괴를 겪고 있는 환자와 작업하는 법을 훈련받았다고 공고하고 있습니다. 붕괴는 대부분의 분석과정들에서 발생하지 않을 수 있지만, 그럼에도 불구하고 그것들은 꽤 흔한 현상입니다. 나는 전 세계의 분석가들이 때때로 그들의 일반적인 기법을 조정하고, 그렇게 조정한 것을 표준적인 편차들로 간주할 거라고 생각합니다.

SB: 그렇다면 선생님은 변화하는 상황들 안에서조차 분석적 태도를 유지하는 것에 대해 말하는 건가요?

CB: 예. 정확합니다. 실제로 나는 다양한 분석 '학파들'이 새로운 기법이라고 생각하는 것을 제시할 때, 그것들 중 많은 것들이 사실상 특정한 임상적 과제들에 맞추어 조정한 것이라고 생각합니다. 예컨대, 하인즈 코헛과 오토 컨버그가 제시한 자기애적 인격 장애에 대한 기법적 접근들은 화해가 불가능한 것처럼 보이지만, 두 접근법 모두 분석 과정 안에서 다른 순간들에 동일한 피분석자에게 적합한 것일 수 있습니다. 나는 위니캇의 기법은 분열성 인격에게, 클라인의 기법은 경계선 인격에게, 라캉의 기법은 강박적 인격에게 유효하다고 생각합니다.

SB: 누군가가 잠재적인 붕괴 상태에 있다는 선생님의 평가는 다소 개인적인 지각일 수도 있지 않을까요? 다른 사람들은 그것을 같은 방식으로 보지 않을 수도 있을 텐데요?

CB: 글쎄요, 영국에서, 그리고 전반적으로 유럽에서, 우리의 피분석자들이 보이는 임박한 붕괴에 대한 지표들에 관해서 의견이 불일치하는 경우는 거의 없습니다. 거기에는 그들의 무력감의 명백한 증가와 고통의 수준이 심각하게 고조되는 현상과 함께, 일반적인 삶의 과제들을 수행하는 그들의 능력이 현저하게 감소하는 현상이 발생합니다. 여러 수준의 불안과 우울증이 명백하게 환자를 사로잡게 되고, 이것이 곧 임상적 우울증이나 동요된 우울증, 급성 공황발작, 수면장애 등으로 이끌지요. 이런 변화들을 볼 때, 모든 분석가는 신호 불안이 높아지는 것을 알겁니다.

SB: 그러나 선생님이 묘사하는 임상적 접근은 고도로 개인적인 특징을 지닌 선생님의 작업이라서 다른 사람들에게는 가르칠 수도 없고, 사용될 수 없을 수 있다는 반대에 부딪칠 수도 있을 같습니다.

CB: 나는 잘 훈련된 다른 분석가들과 치료사들이 이런 식으로 작업할 수 없 거라고는 생각하지 않아요. 내가 말하고자 했던 이슈는 너무 많은 임상가들이 이런 상태에 있는 환자들을 만날 때 무엇을 해야 할지 모른다는 겁니다. 그들은 단순히 일주일에 다섯 번 회기를 계속하는 것으로 충분할 거라고 생각할 수 있지만, 여러 해를 지나면서 나는 그것이 사실이 아니라는 것과, 그런 환자들 중의 많은 수가 입원을 한다는 사실을 확실히 알게 되었습니다. 그래서 나는 단순히, 어떤 임상가라도 이런 일이 일어나는 것을 볼 때, 분석과정을 방해하고 환자에게 필요한 것을 제공해주지 못하는 약물투여나 입원 같은 개입들이 아니라, 강화된 정신분석적 접근을 고려할 것을 제안하고 있는 겁니다.

SB: 선생님은 이제 막 자격을 갖춘 임상가들이 이것을 할 수 있다고 주장하시는 건가요? 기법에서 이런 식의 급진적인 변화는 여러 해의 경험을 필요로 한다고 생각하지 않나요?

CB: 그것은 전적으로 분석가 개인에게 달려 있습니다. 경험이 오히려 정신적인 무감각으로 이끌 수도 있다는 점에서, 경험이 이런 사람들을 돕는 데 더 좋은 것인지 잘 모르겠습니다. 내가 이전 장에서, 이런 작업을 하는 데 원칙적으로 경험이 아주 많은 임상가일 필요는 없다고 암시했지만, 분명히 초보자는 슈퍼비전을 통해 그리고 확실히 공동 작업을 통해 혜택을 받을 수도 있을 겁니다. 최근에 자격을 갖춘 모든 임상가들은 보통 그런 상황에서, 그들과 환자의 무의식적인 소통이 슈퍼비전으로 인해 방해받는다고 느끼지 않는 한, 슈퍼비전을 받습니다. 그러나 모든 임상가들은 이런 작업을 지원하는 사람들로 구성된 팀 또는 유능한 정신과의사를 필요로 합니다. 나는 내가 에밀리와 작업할 당시에 겨우 서른세 살이었지만, 팀을 구성함으로써 만일의 사태에 대한 준비를 했었습니다. 그러므로 나는 연장된 분석이 효과가 없다면, 적어도 그 다음에 무엇을 해야 할지 알고 있었다는 점에서, 대책을 갖고 있었고, 어느 정도 확신이 있었습니다. 이것이 나를 자신감 있게 만들어주지는 않았지만, 붕괴하는 환자와의 작업을 방해할 수 있는 분석가의 불안을 진정시켜주었습니다. 따라서 젊은 분석가가 부서지기 쉽고 파편화되기 쉬운 환자를 만난다면, 그가 지원팀을 꾸리고, 환자의 필요를 충족시키기 위해 시간의 연장이 얼마나 필요한지를 충분히 생각한 다음, 환자가 전적인 붕괴로 들어가기 전에 확실히 환자와 함께 있어주는 것이 나에게는 지혜로워 보입니다.

SB: 그렇다면 선생님은 경험을 결정적인 요인으로 생각하지 않나요?

CB: 나는 경험이 중요하다고 생각합니다. 그러나 나는 삼십대의 분석가들과 치료사들이 경험이 없거나 발달되지 않았다는 생각에는 반대합니다. 그들은 성인일 것이고 높은 수준의 교육을 받은 사람들이며, 삶의 경험을 갖고 있는 사람들입니다.

SB: 비록 온종일 회기들이 삼일 동안밖에 지속되지 않았지만,

선생님의 생각은 그 작업이 얼마나 오래 걸리든 상관없이 그 작업을 수행할 준비가 되어 있었던 것 같다고 말씀하셨습니다. 이것에 대해 좀 더 말해주시겠어요?

CB: 나는 정해진 시간 내에 '일을 끝내야 한다'는 모든 압력에서 자유로워질 필요가 있다고 봅니다. 그렇지 않다면 나는 내가 했던 방식으로 기능할 수 없었을 겁니다. 그래서 나는 나 자신과 나의 환자에게, 곤경에서 벗어날 때까지 우리가 함께 작업할 거라고 말합니다. 나는 환자의 붕괴가 나의 능력과 나와 함께 일하는 사람들, 그리고 그들이 곤경을 통과하도록 도와줄 사람들의 능력의 범위를 벗어나지 않는 한, 결코 포기하지 않을 거라고 그에게 알려줍니다. 처음에는 이 작업이 얼마나 오래 계속될지 알지 못했지만, 놀랍게도 그리고 다행스럽게도, 그것이 그리 오래 걸리지 않았다는 사실을 알게 되었습니다. 나는 이것이 환자의 필요가 현실적 수준에서만큼이나 상징적 수준에서 기능하기 때문이라고 생각합니다. 환자가 필요로 하는 것은 *잠재적으로* 기한이 정해지지 않은 작업에 대한 상징적으로 헌신입니다.

SB: 선생님은 선생님의 작업을 정신분석이라고 언급하지만, 이들 환자들 중의 일부는 분명히 일주일에 한 번이나 두 번 실시하는 심리치료를 받고 있었습니다. 이것이 그들이 붕괴할 때 선생님의 접근법에 영향을 주는지요?

CB: 아닙니다. 붕괴는 그것 자체의 논리와, 내 생각에, 그것 자체의 특별한 임상적 요구를 갖고 있습니다. 우리가 충분한 분석을 제공할 준비가 되어있는 한, 환자가 이전에 분석을 받고 있었든지, 덜 자주 회기를 갖는 심리치료를 받고 있었든지 상관없이 효과적인 것으로 드러난다는 것이 나의 경험입니다.

SB: 여기에 아이러니가 있는 것 같습니다: 오늘날 인지행동치료(CBT), 변증법적 행동치료(DBT) 등의 *빠른* 해결을 약속하는 치료법들이 있는데, 선생님도 같은 일을 하고 있는 것으로 보일 수 있거든요.

CB: 글쎄요. 그것은 실제로 아이러니일 것 같네요. 그러나 거기에는 관점에서의 근본적인 차이가 있습니다. 넓게 말해서, 프로이트의 견해는 증상이나 성격적 장애가 *의미를 갖고 있다는* 것입니다. 증상이나 장애 입은 성격 특징, 또는 우울증과 같은 정동적인 장애들 안에 있는 무의식적 의미는, 비록 그것이 고통스럽더라도, 시간이 주어져야 이해될 수 있습니다. CBT와 다른 형태의 단기 치료는, 사실상, 약물치료의 인지적 유사물입니다. 그것들은 의식에 가해지는 인간적 차원의 영향들을 자기(self)에게서 제거하는 것을 목표로 합니다. 정신분석적 접근은 확실히 그리고 궁극적으로, 정신적 고통을 경감시키는 것을 목표로 하지만, 의미를 희생시키면서까지 그렇게 하지 않습니다. 붕괴가 일어날 때, 거기에는 매우 의미 있는 느낌들, 기억들, 그리고 생각들이 거의 압도적으로 분출해나옵니다. 내가 발견한 것은, 붕괴가 그 자체의 논리적 과정을 구체적으로 표현한다는 것입니다. 만일 그것을 잘 따르면, 위기는 지나가고 환자는 변화된 상태로 그것에서 나옵니다. 그것은 마치 한 사람이 일단 경청하는 타자에 의해 안전하게 안겨있다고 느끼면, 지금까지 유보해두고 있던 정서적인 경험 전체를 방출하는 것과도 같습니다. 방어되고 있던 진실들이 이제 매우 강력한 방식으로 그 사람에게로 쏟아진 겁니다. 인간 존재의 복잡성이 쇄도해 들어와서 이전의 방어들을 압도해버린 거예요; 그것은 자연세계에서 볼 수 있는 사건과도 유사합니다. 하지만 그것이 끝나는 즉시 이것이 가져다준 의식적 의미는 사라집니다. 사람들은 일상의 삶으로 돌아가고, 붕괴에 대한 기억들은 보통 거의 남아있지 않습니다.

    SB: 선생님은 CBT와 DBT가 붕괴 직전에 있는 환자들에게 적용된다면 단순히 사실들을 덮어버릴 것이라고 암시하면서, 그런 방식들에 대해서 매우 비판적이군요. 선생님은 점점 더 인기를 얻고 있는 이런 치료 형태들을 거짓된 치료라고 생각하세요?
    CB: 나는 그것들이 특정 상황들에서 사용된다면, 유용한 효과가 있을 거라고 확신합니다. 만일 선생님이 그런 주제에 대한 세미나에 참석하거나 매뉴얼을 읽어본다면, 선생님은 그것들이 실제로는 상식적인 자기계발 요법이라는 것을 알게 될 것입니다. 그 치료법의 과정은 임상가에 의해 시작되지만, 환자에게 '숙제'가 주어집니다. 따라서 그들은 교사-학생 패러다임에 의존하는데, 그것은 분명히 어떤 사람들에게는 도움이 될 겁니다. 그런 것이 그토록 인기가 있는 이유들 중의 하나는, 그것이 과거에 가졌던 이상한(uncanny) 믿음으로 그들을 데려다주기 때문이라고 나는 생각합니다; '교사가 있고 숙제가 있기 때문에, 이것은 당연히 옳은 것이다.' 그래서 사람들은 성인의 세계를 떠나 학교로 돌아갈 수 있습니다. 이와 같은 암묵적으로 퇴행적인 접근법—복잡한 성인의 삶을 단순화하는 것—은 항상 매력을 갖고 있습니다. 그러나 인격에 근본적 결함을 가진 사람에게 단기 치료를 적용하는 것은 더 깊은 이슈들을 다루지 않게 됩니다. 이런 이유로 나는 이런 비용감축 치료법들에 열광하는 오늘날의 현상이 위험할 수 있다고 생각합니다.

    SB: 하지만 선생님 자신이 실제로 CBT와 비슷한 기법들을 사용한다고 주장할 수 있을 텐데요. 예를 들어, 선생님은 어떤 환자들에게 그들의 핵심적인 역동을 글로 써서 주는데요. 그것은 일종의 숙제처럼 느껴지지 않을까요? 선생님은 변화를 일으킬 의도로 쓰인 교육적 자료에 초점을 맞출 수 있는 환자의 인지력을 활용하지 않는지요?

CB: 어떤 점에서 CBT, DBT 등은 정신분석에 의해서 남겨진 진공 속으로 들어온 것이라고 나는 생각합니다. 나는 보스턴에서는 피터 시프너스(Peter Sifneos)에게서, 런던에서는 데이비드 말란(David Malan)에게서 단기 또는 초점적 심리치료(focal psychotherapy)를 훈련 받았습니다. 나는 그들에게서 핵심 역동에 집중하는 법, 명료해야만 하는 이유, 그리고 일어나는 일에 대한 역동적인 설명을 고수하는 방법과 그 이유에 대해 많은 것을 배웠습니다. 버클리에서 만났던 나의 첫 번째 정신분석가도 아마 알지 못한 채 이런 방식으로 일했을 겁니다. 그는 매우 분명하게 말했고, 기억할 만한 핵심적인 해석들을 반복했습니다. 나는 그 주 내내 그것들을 떠올리고 사용하는 나 자신을 발견했습니다. 만약 이 책이, 부분적으로, 정신분석가들에게 명료하게 행동하고, 핵심적인 정신역동에 초점을 맞출 권리를 되찾아준다면, 나는 그것이 좋은 일이라고 볼 겁니다. 그리고 맞아요. 정신분석에는 교사-학생 패러다임과 같은 것이 있습니다. 다만 여기에서는 두 사람 모두가 피분석자의 무의식의 산물들을 연구하고 있고, 그것은 정신역동의 수수께끼를 직면하는 과정에 잠여하고 있는 파트너관계에 더 가까운 것입니다.

SB: 선생님은 붕괴를 겪고 있는 환자를 CBT에 의뢰하지는 않겠지요?

CB: 그렇습니다. 절대로 의뢰하지 않을 겁니다. 그것은 인격장애가 심한 사람에게 상식 수준의 강좌에서 유익을 얻을 거라고 말하는 것과 같습니다. CBT는 어느 정도 유용성을 가질 수도 있지만, 근저의 상황에 대해 말해줄 수는 없고, 따라서 거짓된 희망을 위해 소중한 시간이 낭비될 수 있습니다. 감수성 훈련 프로그램인 EST가 유행하던 시기에도 이와 비슷한 일이 있었습니다. 수백만 명의 사람들이 그 실천에 이끌렸고, 수십 년을 세월을 소비했지만, 그들의 인격은 변형되지 않았습니다. 이런 기법들은, 내가 보기에, 환자의 마음 깊은 데 도달할 수 없었고, 깊은 문제들을 해결하는 데 도움을 주지 못했습니다.

SB: 이 책은 소수의 환자들과 가졌던 선생님의 개인적 경험에 기초해 있습니다. 증거에-기초한(evidence-based) 리서치 시대에 살고 있는 현대인들에게 선생님의 접근법이 지닌 효율성에 대해 어떤 종류의 증거를 제공할 수 있으신지요?

CB: 나는 '증거에-기초한'이라는 용어가 갖고 있는 마케팅 상의 유혹에 대해 잘 알고 있습니다; 그것은 사회과학이 인문학을 공격할 때 사용하는 전통적인 무기입니다. 우리가 인간 존재에 대해서, 사회과학자들이 주의 깊게 수량화한 공헌들의 전체 역사에서 배우는 것보다 개인적 사례—가령 셰익스피어의 햄릿—에서 훨씬 더 많이 배운다는 사실이 그들을 짜증나게 만듭니다. 프로이트의 방법은 인문학에 기초해 있습니다. 그는 하나의 사례—가령, 도라—를 연구했고, 그런 특정한 사례에 대한 연구를 통해서 보편적인 결론에 도달했습니다. 그의 예들은 과학적인 것이라고 말하기 어렵지만, 그 안에 강점이 있습니다. 도라의 사례는 누구라도 읽고, 비판하고, 수없이 많은 관점에서 평가할 수 있는, 단일하면서도 공유된 대상입니다. 사회과학들은 다른 길을 택합니다: 그것들은 자료를 축적하고, 가설을 시험하며, 결과들을 조합하고, 증거를 공표합니다. 문제는 이 방법이 가능한 변수들의 범위를 심각하게 제한하기 때문에, 그 범위가 극도로 제한된다는 데 있습니다. 그것은 그의 무의미한 지점에 이르기까지 사소한 문제들을 검토하고 증명하는 일에 말려듭니다. 이것은 정신분석과는 전적으로 다릅니다. 그것은 두 소설 속에 나오는 콤마와 콜론과 물음표의 수를 통계 내는 것을 통해서 그 두 작품을 비교하는 것과 같습니다. 그런 것을 아는 것이 흥미로운 일일 수는 있겠지만, 과연 그것이 소설의 본질을 다루는 걸까요? CBT는 정신역동과 아무 상관이 없습니다. 그것은 마음을 탐구하는 척합니다. 그것은 단순히 증상들에 대한 단기 해결책을 제공합니다.

SB: 그럼에도 불구하고, 선생님의 책을 읽고 있는 사람들은 믿음에-근거한(faith-based) 읽기경험으로 초대받고 있는 게 아닐까요?

CB: 나는 나의 독자들에게 믿음을 요구하고 있는 것이 아닙니다. 이 책은 한 정신분석가의 평생에 걸친 경험에서 나온 결과물입니다. 그것은 다른 사람들이, 정신분석이 한 사람을 정신적인 붕괴(breakdown)에서 새로운 존재의 탄생(breakthrough)으로 옮겨놓을 수 있다는 기본적인 전제를 스스로 탐구하기를 바라는 희망 안에서 제시된 것입니다. 이 작업이 미래에 어떻게 사용되고 선파될 것인지는 나의 경험의 일부가 아닐 것입니다. 내가 발견했다고 믿고 있는 것을 앞에 두고 침묵하는 것이 더 편했을지도 모릅니다—이 책이 나의 동료들에 의해 좋은 평가를 받을 거라고는 거의 기대하지 않습니다. 그러나 나는 내가 믿는 바를 제시하고, 시간이 지나면서 그것이 어떻게 될지를 사람들이 보도록 허용하는 것에 다른 선택은 없다고 생각합니다.

SB: 선생님은 팀의 구성과 관련된 돌봄과 환자에 의해 그것이 수용되었다 다는 사실(일시적으로는 저항을 했지만)을 강조하는

데요. 그러나 틀의 변화가 가져오는 전이의 측면들은 거의 논의
하지 않고 있습니다. 나는 선생님이 전이에 대해 작업하지 않는
다고 말하는 것은 아니지만(선생님은 분명히 그것을 작업합니
다), 선생님은 사실상 무료 치료를 제공하고 있거든요. 시간을 늘
려주고, 때로는 심지어 환자를 보기 위해 여행도 합니다. 이런 요
소들은 선생님에 대한 피분석자의 견해에 엄청난 함축을 가질
것이 분명합니다.

　CB: 만약 환자가 붕괴하고 있다면 그렇지 않을 겁니다. 당신
이 바다에서 휴식하면서 수영하고 있다고 상상해봅시다. 그 옆
으로 친절한 사람들로 가득한 배가 지나가는데, 그들이 사다리
를 내려주면서 자신들과 함께 하자고 초대합니다. 그것은, 말하
자면, 유혹의 행동이고, 그 제스쳐를 받아들이는 사람들에게는
그들이 유혹의 순간에 참여하고 있다는 것이 분명할 것입니다.
그러나 선생님이 바다에 빠져 익사직전일 때, 안전요원이 와서
구조벨트를 던져준다면, 선생님은 본능적으로 그것을 붙잡을 것
입니다. 그것이 선생님의 생명을 구해줄 것이기 때문입니다.

　SB: 그러나 구조된다는 것은 확실히 엄청난 전이의 차원을 불
러내지 않나요? 선생님은 구세주에요!

　CB: 아닙니다. 나는 전문가입니다. 안전요원은 사람의 생명을
구할 수 있지만, 그렇게 하도록 훈련은 사람입니다. 그것이 그들
의 일이죠. 만일 그들이 해야 할 일을 한다면, 그들은 효용성이
있는 사람들입니다. 물에 빠졌던 사람은 아마도 그들에게 영원
히 고마워하겠지만, 그들이 해야 할 일을 했다는 사실을 잊지는
않을 겁니다.

　SB: 그러니까 선생님은 그것이 전문가의 행위이지, 선생님이

환자와 갖는 정서적 관계의 고유한 특징이 아니라는 건가요?

CB: 맞습니다. 나는 또한 보통 나 자신을 삼인칭으로 언급합니다—'당신의 분석가는 이렇게 생각해요,' 혹은 심지어 '당신이 고용한 사람은' 이라고 말하는데, 그것은 정확히 이 지식을 살아있는 것으로 유지하기 위해서입니다. 그것은 전문적인 관계입니다. 나는 그 사람과 함께 작업하기 위해서 그 사람에 의해 고용되었고, 나의 일은 그 사람을 분석하는 것입니다. 나는 때때로 내가 붕괴를 겪고 있는 사람을 다루고 있든 그렇지 않든 간에, 분석 처음부터 그 과정 내내 나 자신을 제 삼의 대상으로 부릅니다. 그렇게 하는 것은 또한 내가 나 자신을 환자를 돕고 있는 집단에 속한 한 사람으로 제시하고 있다는 사실을 염두에 두는 데 도움을 줍니다.

SB: 선생님의 새로운 계약에 대해 환자들에게 말해줄 때, 그들이 놀라는 것을 발견하나요?

CB: 아뇨. 나는 이런 말을 한 적이 없지만, 말해야 할 것 같네요. 틀의 변화를 제안할 필요가 있을 때, 만약 그들이 분석 중이라면, 나는 항상 그들이 도착했을 때 눕기보다는 앉아있을 것을 요청합니다. 만약 그들이 심리치료를 받고 있다면, 내가 회기를 시작하고 싶다는 말로 회기를 시작합니다. 두 가지 중 어떤 방식이든, 그것은 그들에게 신호 불안을 제공하는데, 이것은 앞으로의 과제를 위해 필요하기 때문에, 내가 더 높은 수준의 자아 기능들을 다루고 있다는 것을 의미합니다. 나는 환자에게 작업방식의 변화를 제안하려고 하고 있고, 환자는 분석 이전의 자세로 되돌아갈 필요가 있다고 생각하는데, 그것은, 상징적으로, 내가 환자의 성인 자기와 이 문제에 대해 말할 수 있기 위해서입니다.

SB: 그것이 어떤 점에서 그들에게 충격적이지 않을까요?

CB: 오직 상황을 잘못 진단했을 경우에만 그렇습니다. 만일 그 사람이 붕괴하고 있다면, 틀은 이미 변하고 있다는 사실을 기억하세요. 당신이 새로운 틀을 제공하려고 시도하는 것은 이 시점입니다; 당신에게 자체를 드러내는 정신적 해체의 수준에 더 적합한 틀 말입니다.

SB: 그렇다면 환자의 붕괴가 이것을 결정하는 요소인가요?

CB: 그렇습니다. 그런 경우, 분석가 편에서의 다른 접근이 필요하다는 것이 분명합니다. 많은 피분석자들은 자신들이 곧 입원하게 될 거라고 실제로 생각하는데, 특별히 가족이나 친구들이 그런 말을 하는 것만큼이나 자주 그렇게 말합니다. 분석가가 강화된 분석을 제안할 것이라는 생각은 그들에게 거의 예상 밖의 일입니다.

SB: 그 문제에 대해 터놓고 말씀하시나요? 환자와 병원에 입원할 것인지를 의논하시는지요?

CB: 아뇨. 거의 안합니다. 내가 새로운 가이드라인에 대해 설명하고 나면, 우리는 새로운 일시적인 틀에 초점을 맞춥니다.

SB: 그렇다면 그것은 일시적인 것이라고 전달되나요?

CB: 전적으로요. 그것이 경계의 일시성이 갖는 중요한 부분입니다. 환자에게 이것은 단순히 분석의 일시적인 변경일 뿐이며, 붕괴를 통과하고 회복될 때까지만 일시적으로 그렇게 하는 것이라고 알려줌으로써, 그 사람이 일상의 삶으로 돌아갈 것이라고 느끼도록 돕지요.

SB: 선생님은 분명히 붕괴가 부정적이든 긍정적이든, 잠재적으로 변형의 순간이라고 느끼시는군요.

CB: 그렇습니다. 정말 그래요. 그것은 실제로 위대한 약속의 순간입니다. 붕괴는 한 사람의 삶에서 가장 강력한 지연된 사건입니다. 그것은 매우 강렬한 취약성이 새로운 치료 동맹 안에서 돕고자 하는 욕망과 기꺼이 협력하고자 하는 마음과 결합한 것을, 그리고 방어들과 저항의 의미 있는 감소와 함께, 핵심적인 문제와 역사성에 대한 새로운 평가와 관련해서. 높은 수준의 무의식의 특수성을 가져다줍니다. 자기는 쇄도하는 정서적 경험들의 홍수를 겪게 되고, 개인은 엄청난 치료적 잠재력을 가진 사건을 경험하게 됩니다.

SB: 선생님은 비정신증 환자 안에 있는 붕괴의 두 가지 다른 기원들을 구별합니다. 하나는, 고전적 프로이트학파의 관점에서, 본능적 세력과 일상의 어려움들을 다루기에는 아직 충분히 발달하지 못한 시기의 모든 유아들이나 어린 아이들에게 제기된 본래적인 도전으로 구성된, 약한 자아에서 파생된 정신적 취약성의 한 형태이고요. 다른 하나는 페렌찌, 발린트, 위니캇 등의 노선에 더 가까운 것으로서, 그들에게 붕괴는 자기가 타자들과 갖는 초기 관계의 실패에서 파생되는 것인데요. 이러한 붕괴의 매우 다른 두 경로 사이에서, 만약 차이가 있다면, 분석가는 어떤 차이를 볼까요?

CB: 부모나 다른 초기 환경의 실패들에서 온 사후-사건에 의해 고통 받는 사람들은 보통 그들이 아이로서 어떻게 실망했었는지에 대한 느낌을 그들의 역사적인 이야기로 조직해낼 겁니다. 그들은 전이 안에서 그것을 보여줄 것이고, 그 안에서 양육의 초기 실패의 측면들을 재현할 것입니다. 따라서 분석가는 전이와 역전이 그리고 자유연상들의 분석을 통해서 충분한 증거를 가질 것이고, 그는 현실 영역 안에, 즉 자기와 타자의 관계 안에 문제를 위치시킬 수 있게 될 것입니다. 본래부터 유약하고 스스로를-제약하는 다른 유형의 환자는 부모-타자들에 의한 특별한 실패의 기억들을 가져오지 않을 것입니다. 실제로, 그들은 계속해서 그들에게 상당한 도움을 주고 있을 수 있는, 자신들의 부모들을 매우 좋아할 수 있고, 전이 안에서 그러한 외상들이 재현되는 일은 없을 것입니다. 대신에, 분석가는 환자 자신의 욕동들과 그의 마음 사이에서 진행되는 내적인 싸움을 목격할 것입니다. 이런 환자들은 자기를-감소시키는(self-diminishing) 방어들로 이끄는 특정한 정신역동적 원리 위에 세워진 정신 구조들을 드러낼 것입니다. 이런 경우 사후-사건은 오래된 구조적 이슈들로 인해 정신적 고통이 도래하는 외상입니다.

SB: 이 두 유형의 사람들은 다른 방식으로 스스로를 제시하나요?
CB: 정신신경증(근본적으로 내적인 싸움으로 고통 받는)에 해당되는 사람들은 일반적으로 자신들에게 뭔가가 잘못되었다는 느낌을 갖고 있습니다. 그들 자신들이 그들의 어려움들의 이유라는 겁니다; 그것은 다른 사람들로부터 그들에게 옮겨진 것이 아닙니다. 이런 사람들은 보통 다른 사람의 관대함, 사랑, 또는 관심을 받아들일 수 없다는 것이 매우 분명합니다. 그것을 받아들인다는 것은 그들을 내적으로 너무 혼란스럽게 만들기 때문입니다. 그래서 그들은 그런 초대를 수용하는 것이 생산적이라는 것을 알고 있으면서도, 다른 사람을 거절해야만 합니다. 그들은 그들이 벌이는 전투가 내적인 것임을 분석가에게 보여줍니다: 예컨대, 성적 욕동과 공격 욕동 사이, 또는 거세 위협과 야망에 찬 욕망 사이. 또는 그들이 엄청난 힘을 부여한 초자아와, 그들이 불완전하고 죽을 수밖에 없는 존재가 화육된 것으로 보는 자기 (self) 사이의 전투일 수도 있습니다. 그처럼 강렬한 정신신경증적 갈등에 얽혀있는 사람들은 다른 사람들을 쓸 수 있는 시간이 거의 없습니다. 그리고 그들은 아이였을 때, 그들의 문제를 해결하기 위해 도움을 주는 것은 고사하고, 단순히 그들에게 닿을 수 없었던, 애정 어린 부모에게 많은 고통을 주었을 수 있습니다.

SB: 그렇다면, 그 두 상황 모두에서 붕괴는 지연된 행동인가요?
CB: 정신신경증적인 사후-사건(après-coup)은 분석 안에서 자기(self)가 마음(mind)이 정신적 세력들을 다룰 수 있는 능력이 없다는 것을 재발견할 때 도래합니다. 욕동의 힘은 이제 압도적일 수 있는 죄책감과 불안 및 우울증 등의 유해한 형태들을 만들어내는 초자아의 힘과 만나게 됩니다. 분석가는 얼마 동안 보조적 자아로서 기능하는 것을 통해서, 이 사람으로 하여금 최초로 마음을 갖는 것에 따른 외상을 다룰 수 있게 해주어야 합니다. 다른 한편 성격 장애를 가진 자기의 경우, 사후-사건은 자기가 현실에서 만나는 충격들에서 파생된 정신적 고통이 도래하는 것이지만, 그것이 반드시 부모들과 관련된 것이라는 의미는 아닙니다. 이미 말했듯이, 실제로 발생한 하나의 작은 사건이 그 사람의 자기를 깊이 왜곡하는 효과를 발생시킬 수 있고, 그들의 성격을 특정 방향으로 편향되게 만들 수 있습니다.

SB: 그렇다면 선생님은 붕괴를 겪는 두 가지 인격 유형 모두의 경우에서, 회기들을 연장하는 것을 통해 그들의 보조 자아가 되어야 한다는 말씀인가요?
CB: 예. 그렇게 생각합니다. 나의 첫 슈퍼바이저였던 폴라 하이만은 그 점을 자주 언급하곤 했죠. 내가 그녀에게 왜 그토록 해석에 매달리느냐고 물었을 때, 그녀는 우리가 해석을 통해 보조적인 자아 기능을 수행하기 때문이라고 말했습니다. 우리는 분석 중인 사람들이 붕괴하는 이유가, 붕괴가 분석 효과의 일부이기 때문이라는 것을 알고 있어야만 합니다; 분석은 자기 안에 있는 갈등들을 고조시키고, 그 다음에 설명을 통해서 그것들을 치료적으로 변형시키도록 설계되어 있습니다. 따라서 분석가는 환자가 자신이 처한 상황에 대해 충분히 말하도록 개입하고 지원해야 하는 윤리적 책임을 갖고 있습니다.

SB: 그 말은 말하기 치료(talking cure)가 마치 분석가에 의해서 수행되는 것처럼 보입니다!

CB: 그렇습니다. 그리고 어떤 점에서, 어떤 시기에, 그것은 전적으로 사실입니다. 어떤 붕괴의 경우에는 분석가가 환자보다 더 많이 말할 수도 있는데, 특히 환자의 감정 상태들을 언어로 바꿔 말해줄 때 그렇습니다. (이것들은 환자 안의, 환자와 분석가 사이의, 혹은 분석가 안의 감정 상태들일 수 있습니다.) 다른 한편, 한 환자는 우리의 작업에 대해 말하면서, 정신분석을 말하기 치료라고 부를 것이 아니라, '듣기 치료'라고 불러야 한다고 말했는데, 나는 그것이 무척 흥미롭고 비교적 정확한 말이라고 생각합니다.

SB: 이런 환자들 중에는 이전에 아동심리치료를 받아본 적이 있었을 텐데요. 선생님은 아동기에 치료를 받은 적이 있는 붕괴 환자들과 작업해본 적이 있습니까? 만일 그렇다면, 그것이 결과에 어떤 영향을 미칠까요?

CB: 아동치료를 받은 적이 있지만 이후의 삶에서 붕괴를 겪는 사람들과 작업해 본 적이 있습니다. 일반적으로 그들이 청소년기에 정신분석가를 만났더라면, 아동치료를 받았던 일이 성인 분석의 작업동맹에서 중요한 차이를 만들어냈을 겁니다. 청소년은 오이디푸스 및 전-오이디푸스기 이슈들을 갖고 있기 때문에, 환자가 전에 분석가에게서 도움을 받았던 느낌을 기억한다면, 그것은 성인으로서 붕괴로 들어갈 때 도움이 될 것입니다. 청소년기는 그것 자체로서 붕괴의 형태이기 때문에, 청소년은 나중 삶에서 겪게 될 붕괴에 대한 일종의 연습을 하고 있는 겁니다.

SB: 전에 쓴 글에서, 선생님은 해석을 할 때 어떤 환자들은 의식적인 차원에서는 그 말을 듣는 것 같지 않지만, 그 해석은 여전히 환자들 편에서 강렬하고 창조적인 사고를 위한 촉매제로서 기여하는 것 같다고 말한 적이 있습니다. 이것이 붕괴 중에 있는 사람들과의 작업에서 볼 수 있는 특징인가요?

CB: 그렇습니다. 명료한 설명들은, 아무리 간략하다고 해도, 환자에게는 몽상 이야기와도 같은 것입니다. 그들은 특별히 내용에 주의를 기울이지 않을 수 있습니다—실제로 내용은 완전히 잊혀질 수 있습니다—그러나 언급들은 종종 그들의 사고가 새로운 방향으로 향하도록 영감을 주는 것으로 보입니다.

SB: 그것을 어떻게 이해하시는지요?

CB: 나는 그것이, 분석가의 언급이 그 안에서 환자가 전혀 다른 어떤 것을 상상할 수 있는 언어적 모체인 것처럼, 피분석자와 분석가 사이에서 일어나는 무의식적인 소통의 한 형태라고 생각합니다. 그것은 위니캇이 말하는 두 사람 사이의 놀이의 형태입니다. 위니캇이 분석 안에서 '놀이'라고 말한 것은 두 사람이 문자적으로 놀이한다는 의미가 아니라, 분석가의 해석들과 환자의 반응들이, 그것들 자체로서, 놀이의 한 형태라는 의미입니다. 간-

정신적(intermental) 활동을 수반하는 명료한 해석은 환자의 정신적 경험의 본성(nature)에 자극을 주는데, 이것은 환자의 마음을 이해하는 데 핵심적인 요소입니다. 독자가 알게 되겠지만, 그런 지점들에서 나는 피분석자의 정신적 원칙들에 도전하는 경향이 있는데, 이때 피분석자는 정신적으로 참여하는 분석가와의 만남들에서 유익을 얻습니다. 그것의 의도는 또 다른 관점을 소개해줌으로써 환자가 생성적인 자기-성찰에 참여할 수 있도록 얼어붙었던 그의 능력을 풀어주기 위한 것입니다. 이것은 작업이 성취되었음을 보여주는 새로운 원칙들에 자리를 양보하면서, 그러한 강렬한 의식적 활동이 잦아들고 망각될 때까지, 일시적인 기간 동안만, 때로는 그저 하루나 이틀 정도만 계속될 것입니다.

SB: 연장된 회기들에서 가장 많이 변형된 측면은 무엇이라고 생각하십니까?

CB: 그것은 정신분석의 시간입니다. 정신분석 회기를 위해 설정된 일상적인 시간의 틀은 사회 현실에 맞춘 것입니다—그것은 근무일에 쉽게 맞출 수 있습니다. 그러나 그것은 정신분석 과정의 리듬에 따라 결정된 것이 아니고, 무의식적 삶의 본성과도 잘 맞지 않습니다. 90분으로 회기를 연장한다면, 나는 그것이 분석가가 틀을 무의식의 가능성들에 맞추어 적응한 것이라고 생각할 겁니다. 그리고 만일 온종일 회기가 요구된다면, 그것은 정신분석 시간에 대한 고려에서 두 참여자들의 사회적 현실은 제쳐놓은 것이 될 것입니다. 나와 나의 환자에게 놀라웠던 것은 이런 적응이 매우 자연스러운 것으로 느껴졌다는 것입니다. 그것은 마치 우리가 단순히 정신분석적 경험 안에서 작업하는 데 필요한 것을 무의식에게 주고 있는 것과도 같았습니다.

SB: 그러면 선생님은 전통적인 정신분석의 틀이 정신분석 경험의 최대 가능성을 실현하는 데 적합하지 않다는 건가요?

CB: 아마도, 그렇습니다. 그러나 우리는 이 한계와 함께 살아야 합니다. 나는 분석가로서 일하는 동안 회기가 너무 빨리 끝났다고 생각되거나, 피분석자가 무의식에 좀 더 깊이 접근하기 위해서 시간이 좀 더 필요하다고 느낀 적이 수천 번이나 됩니다. 그러나 정규적으로 그런 연장된 회기들을 갖는 것은 단순히 실용적이지 않지만, 이 점에서 아마도 우리는 정신분석의 실제 잠재력을 실현하는 데 실패하고 있는 것일 수도 있습니다.

SB: 붕괴를 겪지 않는 환자에게 연장된 회기들을 제공한 적이 있으신지요?

CB: 나는 꽤 많은 분석가들이 90분(혹은 정규 시간의 두 배) 회기들을 제공할 것이라고 생각합니다. 가령 환자가 해외여행에서 돌아왔거나, 짧은 기간 동안만 분석 받을 수 있다면, 또는 가끔 처음부터 매우 심한 동요를 보이는 사람과 작업할 경우, 나는 그들을 90분 동안 만날지도 모릅니다. 나는 환자에게 치료에 관한 추천을 하기 전에, 항상 초기 면담을 위해 한 번이나 몇 번에 걸쳐 90분 회기를 제공합니다.

SB: 단순히 무의식적인 삶에의 접근성을 높일 수 있는지 알아보기 위해서, 붕괴하고 있지 않은 사람과 온종일 작업을 한 적이 있는지요?

CB: 아닙니다. 나는 본래 조심성이 많아서 그런 전례를 만들고 싶어 하지 않습니다. 처음부터 그것을 제시했더라면, 그것이 틀로서, 즉 분석의 원칙으로서 경험되었을 것이고, 그랬더라면 사람들은 이런 종류의 작업을 감당할 수 없었음이 분명합니다.

그리고 온종일 회기가 끝났을 때 어떻게 다시 일반적인 회기로 옮겨갈 수 있을지 잘 모르겠습니다. 또한, 온종일 회기들은 분석의 이전 시기들이 있었고 그래서 환자가 붕괴 상태에 있었고 따라서 깊은 소통적 마음 상태에 있었던 시기들이 있었기 때문에, 그런 식으로 작업할 수 있었음을 강조하는 것이 중요합니다.

SB: 정신분석 시간의 주제로 돌아가서, 이런 분석들에서 발생하는 변형들(transformations)과 관련해서 과연 시간이 변화를 발생시키는(mutative) 유일한 차원일까요? 선생님은 의식과 간-정신적 작업의 역할에 대해서 논의했습니다. 혹시 그밖에 더 첨가할 것이 있을까요?

CB: 물론, 거기에는 많은 다른 측면들이 있습니다. 붕괴 안에서 무의식은 더 열려 있고, 더 구체적입니다. 그리고 또한 자기가 정신적 고통에서 벗어난 상태로 돌아가고 싶어 하는 긴급한 욕망도 있습니다. 두 과거들이, 즉 직접적인 촉발 사건으로서의 과거와 자기 안에 압축된 많은 사건들로서의 과거가 통합되고, 이것이 자기 구조의 붕괴를 설명해줍니다. 붕괴의 논리가 드러나고 설명될 수 있습니다. 두 과거를 연결함으로써, 역사가 창조됩니다. 이런 퍼즐 조각들을 맞추는 과정은 이제 완전하고 강력한 정서적 경험으로 출현하는, 억류되어 있던 정동들의 도래를 위한 새로운 지지대를 구축합니다. 그 결과 그는 더욱 깊이 기여하는 무의식을 갖게 됩니다; 붕괴의 논리를 드러내고, 새로운 게슈탈트를 구성하는 역사를 창조하는 무의식. 자기는 존재하고 관계 맺는 이전의 패턴으로부터 새로운 패턴으로 변형됩니다. 낡은 패턴은 결코 이해된 적이 없었습니다; 비록 그것이 자학적 쾌락과 같은 이차적인 이득을 제공했을 수 있지만, 그것은 자아-이조적이었고, 커다란 정신적 고통의 원인이었습니다. 이제 자기는 변하고자 하는 강력한 욕구를 갖게 되고, 이런 무의식적인 동기의 변화는 저항들과 특정 방어들을 무효화시킵니다. 새로운 구조가 분석적 작업을 통해 발달하면서, 그것은 처음에 정신-논리적인(psycho-logic) 것인, 중간적인 정신구조로서 기능합니다; 그 사람에게 그것은 의미있는 것이 됩니다. 그런 새롭게-발견된 의미는 해방을 주고, 안도감을 주쳐. 차츰 개인의 인격의 일부가 됩니다.

SB: 우리가 얼마나 많은 변화를 말하는 걸까요? 분명히 선생님은 인격 전체가 영향을 받는다고 생각하지는 않으시죠?

CB: 물론 아닙니다. 자아의 약함 혹은 정신적 연약함의 요인들만이 영향을 받습니다; 붕괴의 원인들 말입니다. 나중에 그 사람이 일반적인 분석으로 돌아올 때, 그들은 다른 이슈들에 대해 작업할 수 있을 겁니다. 만일 그들이 정신신경증 환자들이라면, 붕괴와 변형이 정신적 변화의 수단으로서 매우 중요해질 겁니다. 만일 그들에게 심각한 성격 장애와 같은 좀 더 심각한 정신 장애를 갖고 있다면, 붕괴와 변형은 문제의 일부일 뿐이고, 그들은 더 많은 작업을 필요로 할 겁니다.

SB: 만약 선생님의 접근이 표준적 실천이 된다고 잠시 상상한다면, 피분석자들과 대중에게 이것은 어떻게 소개될 수 있을까요?

CB: 그것은 상상하기 힘든 거라고 내가 생각한다는 것을 당신을 잘 알고 있습니다. 무엇보다 나는 나의 동료들이 나의 제안에 동의할 것이라고 예상하지 않습니다. 비록 내가, 만일 환자가 이미 들어서 알고 있다면, 특별한 상황 하에서 사용될 수 있는 수단으로 확인된다면, 그럴 수 있겠지만, 나는 분석가들에게 이런 아이디어를 분석 초기에 논의하는 것을 추천하지 않을 겁니다. 이것은 의심의 여지없이 환자에게 특정한 의미를 가질 것이고, 그것은 분석될 필요가 있을 겁니다.

SB: 선생님과 데이빗 선델슨(David Sundelson)은 『새로운 정보원』(The New Informants)이라는 공동저서에서 비밀유지에 대해 논의하면서, 환자들에 대해 정보를 구하는 모든 사람에게 동조하지 않는 정책을 옹호했습니다. 선생님은 어떻게 이런 관점을 돌보는 팀의 운용과 양립시키는지요?

CB: 우리는 그 책에서, 비밀유지는 정신분석가들에 의해서뿐만 아니라 전문직 자체에 의해서도 지켜져야 한다고 주장했습니다. 그렇게 해야만 분석가가 환자에 관해 다른 분석가들과 협의할 수 있습니다. 붕괴를 겪는 사람들을 다룰 때, 나는 도움을 요청하기 위해서만, 관련된 다른 전문가들과 환자에 대해 말합니다. 나는 환자에 관해서나 분석 안에서 일어난 것에 대해서는 결코 상세하게 논의하지 않으며, 환자의 이름은 오직 환자 본인에게서 허락을 받은 이후에만 다른 사람에게 말해줍니다.

SB: 그러나 분명히 동료들로부터 오는, 그런 개입을 정당화하는 상황들에 대해 말해달라는 압력이 있을 텐데요?

CB: 그게 사실입니다. 나는 정신과의사가 상황을 알고 있어야 한다고 생각하기 때문에, 가령 환자가 '동요된 우울증' 상태에 있다는 말과 같은, 객관적인 사실을 진술할 수도 있습니다. 이 문제와 관련해서 내가 유일하게 실제로 어려움을 겪었던 순간은 미국에서 부부치료를 받고 있는 환자를 다룰 때였습니다. 미국의 부부치료사들은 부부의 각자와 따로 작업하는 정신분석 동료들과 협의하는 것을 정상적인 실천으로 간주하고 있습니다. 비록 그들은 그렇게 해도 좋다는 '동의서'를 받을 것이고, 또한 그들이 다른 측면들에서 비밀을 보장할 것이지만, 나는 그런 식으로 일하는 것이 편하지 않습니다. 나는 환자에 대해 배우는 것은 예외 없이 가능한 한, 다른 출처가 아닌 환자 자신으로부터 와야 한다고 생각합니다.

SB: 선생님은 분석가 동료들이 이 책의 내용에 찬성하지 않을 것이라고 상당히 확신하는 것 같은데요. 그러나 선생님이 알고 있는 것보다 더 많은 사람들이 이런 노선을 따라 실천하고 있을 수 있지 않을까요?

CB: 나는 분석가들이 때때로 더 긴 회기나 추가적인 회기들을 제공한다는 것을 알고 있습니다. 나는 이 영역에서의 나 자신의 특별한 경험을 보고하기 위해서, 구체적으로 연장된 정신분석이 붕괴하고 있는 사람을 위한 대안적인 치료 형태로서 고려될 수 있다는 사실을 알리기 위해서 이 책을 썼습니다.

SB: 선생님은 선생님 외에 다른 누가 이처럼 여러 날 계속해서 온종일 환자와 작업했던 사람이 있다고 보세요?

CB: 아뇨. 그러나 분석가들은 정통주의가 지배하고 있기 때문에, 그런 작업에 대해 안심하고 보고하지 못할 수 있습니다. 그런 작업을 한 적이 있을 수 있고, 임상적으로 성공한 사람들도 있을 수 있지만, 그것을 보고하지는 않았을 겁니다.

SB: 선생님은 위니캇이 전이 안에서 자신에게 너무 많이 의존하도록 환자를 조장했다는 이유로, 그의 기법의 어떤 측면에 동의하지 않는다고 말했고, 환자의 자아 건강을 지원해야 할 필요성과 환자가 현실에서 기능하려고 노력하고 계속해서 기능할 필요성을 강조했습니다. 이점에 대해 좀 더 말씀해주시겠어요?

CB: 나는 위니캇이 너무 멀리 갔다고 생각합니다. 나는 그가 많은 사람에게 큰 도움을 주었다는 것을 그들에게 직접 들어서 알고 있지만, 그들은 애초에 잘 통합된 사람들이었고, 그래서 위니캇 식의 경험을 잘 해낼 수 있었고, 더 좋아질 수 있었습니다. 그러나 그는 환자들을 붕괴 자체를 위해 붕괴하라고 부추겼고, 어떤 사례들에서는 그것이 실제로는 그의 삶을 망친 것임을 의미했는데도, 마치 개인적인 내적 현실감을 발견한 것이라도 되는 양, 그것을 고상한 것으로 바라볼 준비가 되어 있었습니다. 그는 붕괴를 일종의 낭만적이고 목가적인 경험으로 본 것 같습니다; 도시 세상과 외부 현실에서 멀리 떨어진, 고지대에 살고 있는 두 명의 신플라톤주의자처럼 말입니다. 나는 붕괴를 비극이라고 생각하지만, 그것이 찾아올 때, 그것은 변형적일 수 있다고 봅니다. 붕괴는 스스로 찾아오는 것이지 위니캇이 했던 것처럼 강제로 오게 하는 것이 아닙니다. 분석가는 어떻게 침묵하고 무의식적인 소통을 수용해야하는지에 대한 측면과, 어떻게 붕괴의 의미를 분석하는 명료한 언급으로 환자의 언어와 역사 안으로 들어가야 하는지에 대한 측면, 이 두 가지 모두를 알아야만 합니다. 다른 말로, 그들은 모성적인 질서와 부성적인 질서 모두 안에서 작업할 수 있어야만 합니다.

SB: 선생님은 피분석자의 무의식적 지식에 많은 중요성을 부여하시는군요.

CB: 자기는 자신의 무의식의 소리를 듣습니다. 그것은 책을 읽거나 읽혀지는 것처럼 매우 많은 정보를 줍니다. 물론 분석가 역시 피분석자에게서 들을 필요가 있습니다; 그때 그들은 프로이트가 말하는 '생각들의 창고' 안에 축적된 앎으로부터 유익을 얻습니다.

SB: 이 영역에서 작업하는 데 마음의 내용들을 이해하는 것이 중요한가보죠?

CB: 그렇습니다. 그것이 중요한 이유는 그 내용들이 자기의 질병에 대한 이야기로 만들어지기 때문입니다: 그 사람을 붕괴의 지점까지 이르게 한 정신적 이슈들과 갈등들의 역사로 말입니다. 나는 나의 환자들이 나에게서 듣기 전에, 먼저 그들의 마음의 내용들에게서 듣기를 바랍니다. 그들이 그 앎에 도달할 수 있도록 도울 수 있다면, 진실이 그들을 자유롭게 할 것입니다.

SB: 현실적으로 말해서 한 사람이 붕괴를 겪고 있을 때, 자유 연상에 대한 그런 강조가 어떤 역할을 할까요?

CB: 바라기는, 피분석자가 생각의 연쇄들에 대해 충분한 관심을 발달시키고 그래서 패턴이 출현할 때쯤에는, 커다란 고통과 괴로움의 한가운데서조차도, 생각들의 사슬이 거의 계시로서 기능할 겁니다.

SB: 『끝없는 질문』에서 선생님은 질문 욕동에 대해 논의했습니다. 선생님은 꿈들과 회기의 이야기들 모두 안에서, 사람은 질문들을 하고, 그 다음에, 종종 무의식적으로, 자기와 더 깊이 관련된 대답들을 제공하고, 그 다음에는 그것이 추후의 질문들로 인도한다고 제안했습니다. 누군가가 붕괴를 겪을 때, 그 순간에 분석가는 어떤 특별한 무의식적 기능을 나타낼까요?

CB: 프랑스인들에게 무의식은 엄마의 기능을 갖고 있습니다. 그것은 내부-주관적인(intrasubjective) 대상관계의 한 형태입니다. 나는 붕괴를 겪을 때, 자기는 엄마-무의식에로 향하고, 출현하는 생각들은 깊이 예지적이고 소중한 것이라고 생각합니다. 어떤 점에서, 나는 이때 분석가는, 전이 안에서, 담는 자로서의 엄마와 마음, 두 가지 모두가 된다고 생각합니다. 그것은 마치 자기가, 마음의 출처로서의 존재에게로 돌아가는 것과 같습니다.

SB: 선생님은 '깨진 자기들'에 대해서, 즉 이전에 붕괴했던 경험들이 적절한 치료적 타자를 만나지 못했던 사람들에 대해 썼습니다. '깨진 자기들'은 일반적인 용어가 아닌데, 혹시 그것에 대해 좀 더 말씀해주실 수 있는지요?

CB: 나는 세상에는 생의 어떤 시점에 붕괴를 겪었던 사람들이 많이 있다고 생각합니다. 그것을 받아주는 사람이 아무도 없었지만, 그들은 그 사건에서 회복되었습니다. 그들은 그것을 상실했고, 그것을 극복해내는 일은 없었습니다. 게다가 그런 실패를 겪은 사람에게 가해진 손상은 평생 그들의 존재 안에 새겨지고 말았습니다. 설령 그들이 정신증적 붕괴를 피했다고 해도, 그들은 위기의 순간에 깊은 절망의 감정을 감출 수 없습니다. 그것은 아마도 한 사람이 사랑 관계에서 거절당했을 때 가장 흔하게 드러납니다. 사랑하는 대상에 의해 거절 받는 것은 끔찍스러운 일입니다. 그리고 이 점에서 종종 자기는 어리둥절하고, 더 이상의 추구를 주저하며, 남은 세월 동안 존 스타이너(John Steiner)가 말한 '심리적 철수'(psychic retreat) 상태로 살 수도 있습니다. 이것은 만성적 우울증이나, 일종의 경미하지만 끈질긴 원한에 사로잡힌 상태처럼 보일 수 있습니다.

SB: 그런데도 선생님은 그런 상태에 진단적 딱지를 붙이지 않는군요. 선생님은 그 사람의 진단명이 무엇이든, 만약 그가 이전에 붕괴를 겪지 않았다면, 그는 비슷한 진단을 받았지만 그런 붕괴를 겪었던 사람보다 더 낫다고 암시하는 것처럼 보입니다. 그 이유는 첫 번째 붕괴가 새로운 종류의 고립으로 이끄는 자기에 대한 봉인을 야기할 수 있기 때문이라는 거죠.

    CB: 그렇습니다. 맞는 말이에요. 거기에는 타자가 실패했다는 가정에 근거한 새로운 방어 층이 있습니다. 그리고 만일 그것이 환자의 초기 역사의 중요한 부분이었다면, 그러한 확신을 더 강하게 할 것입니다.

    SB: 그러나 어쩌면 그런 사람들에게는 여전히 분석이나 치료에서 손을 내밀 수 있지 않나요?

    CB: 그것은 환자에게 달려 있습니다. 어떤 환자들은 너무 심한 패배감 때문에 분석가와 침체상태로 들어갑니다. 그들이 할 수 있는 것은 오직 절망감을 분석 안으로 투사하고, 자신들의 운명을 반복하게 만들도록 분석가를 강요하는 것뿐입니다. 다른 환자들은 그들의 심리적 철수 상태로부터 나와 대상 세계에 어느 정도 참여하도록 달래질 수 있습니다. 여기에서는 생명 본능과 죽음 본능 사이의 구별이 아주 중요합니다. 죽음 본능의 힘에 지배적으로 휘둘리는 사람들에게는 닿기가 어렵습니다. 그러나 여전히 혈관에 생명이 흐르는 사람들은 진전을 만들어낼 수 있습니다.

    SB: 선생님은 분석가로서의 활동 초기에 붕괴 중에 있는 환자들에게 좀 더 일찍 조치를 취하지 않는 바람에 돕는 데 실패한 사람들이 있었다고 했는데요. 그 말은, 이후 어떤 시점에서, 선생님의 기법이 완전해졌고, 더 이상의 어려움을 갖지 않게 되었다는 인상을 줄 수 있습니다. 예컨대, 선생님은 어떤 환자도 입원할 필요가 없었다고 말했습니다. 그 말은 선생님이 실수한 적이 없다고 주장하시는 건가요?

    CB: 아뇨. 물론 그렇지 않습니다. 내가 항상 일을 제대로 하는 것은 아닙니다. 가령 내가 아마도 표준적인 분석으로 위기를 통과할 가능성이 있던 사람들에게 연장된 회기들을 제공했던 경우가 몇 번 있었습니다. 또한 한번은, 돌이켜보건대, 연장된 회기들이 더 나았을 수 있었다고 여겨지는 환자에게 온종일 회기들을 제공했습니다. 그 시도로 인해 그가 힘들어 하지는 않았지만, 하루가 지난 다음, 나는 그에게 우리가 덜 집중적인 틀로 돌아가는 게 좋겠다고 말했습니다. 어째서 내가 그에게 더 집중적인 작업이 필요하다고 생각했는지를 분석할 수 있었던 것이 중요했습니다.

SB: 그러니까 선생님 자신의 권고를 분석했다는 건가요?
CB: 예, 물론입니다. 나는 모든 임상가들이 때때로 자신의 분석을 분석하기를 희망합니다. 우리는 많은 실수들을 하는데, 분석 과정이 작동하기 위해서 그 실수들은 분석되어야만 합니다.

SB: 또 다른 흔한 문제들이 있습니까?
CB: 어려운 문제 중의 하나는 배우자가 붕괴를 불러오는 데 중심적인 역할을 하는 경우, 즉 실패한 결혼생활이나 해로운 결혼생활을 하는 환자들의 경우입니다. 만약 그들이 계속해서 그 배우자와 살고 있다면, 나는 사흘 동안의 온종일 회기가 소용이 없을 거라고 생각합니다. 우리는 기껏해야 그 환자에게, 필요하다면 증가된 정신과적 개입과 함께, 주 5회 분석을 제공해야 할 겁니다.

SB: 독자들은 선생님이 이런 식의 작업 방식에 대해 강연하는 데 삼십여 년을 기다린 이유가 무엇인지 궁금할 것 같습니다. 그 세월동안에 런던에 있는 많은 선생님의 동료들은 선생님이 사람들에게 온종일 회기들을 제공하는 것을 알고 있었습니까?

CB: 나의 동료들에 그것을 알았던 사람은 아무도 없습니다. 처음 이십 년 동안 나는, 본문에서 이미 그 이유를 설명했듯이, 필요하다고 느낄 때에만 단순히 이런 조정들을 적용했습니다. 그러나 그것은 나의 실천에서 아주 작은 부분이라서 그것에 대해 많은 생각을 하지는 않았습니다. 물론 나는 이것이 논쟁거리가 될 수 있고 그럴 것이라는 것을 알고 있었고, 그렇기 때문에 다른 그것을 사람들과 공유하기 전에 그 작업에 대해 더 많은 경험을 얻고 싶었습니다.

SB: 이런 식의 작업이 분석가로서의 선생님에게 미친 영향들을 더 많이 아는 것은 흥미로운 일일 것 같습니다. 다른 모든 일들을 제쳐두고 이 일에만 집중해야 하는 문제에 대해 이야기해 보죠. 선생님은 온종일 회기를 어떻게 준비하세요?

CB: 아침에 환자가 도착하기 전에 방을 준비하는 데 많은 시간—한 시간 정도—을 소비합니다. 그렇게 하는 것이 편안함을 준다는 것을 알았습니다. 만약 내가 낯선 도시의 호텔 방에 있다면, 나는 내 의자를 카우치 뒤에 놓아 환자의 시야에서 벗어나게 하는데, 그러기 위해서는 가구를 옮겨야 합니다. 나는 또한 물병들을 환자가 볼 수 있는 탁자 위에 놓아둡니다. 그리고 나서 회기를 시작하기 전에 약 삼십 분간 내 의자에 편하게 앉아 있다가 환자를 맞이하기 위해 대기실로 갑니다. 나는 내가 하는 것이 명상의 한 형태, 또는 자기(self)를 고요하게 만드는 방법이라고 생각합니다.

SB: 이 작업의 전망이 좀 어둡다고 느끼지는 않으세요?

CB: 아뇨. 더 이상은 아닙니다. 나는 그 작업의 과정과 내가 이 일을 함께 하고 있는 사람들을 신뢰하기 때문에, 불안하게 느낄 필요가 없습니다.

SB: 그렇지만 하루 종일이지 않습니까? 9시부터 6시까지 환자와 함께 방 안에 앉아있는 것은 어떤 느낌이죠?

CB: 묘하게도 아주 만족스러운 느낌입니다. 이상하게 들릴 수 있겠지만, 이 과정의 구조의 일부인 하루의 시간에는 특별한 무언가가 있습니다—문자적으로요. 우리는 하루를 아침의 빛과 아침의 소리로 시작합니다. 아침에 대해서는 매우 낙천적인 어떤 것이 있습니다; 붕괴 중에 있는 사람조차 보통 그것을 느낍니다. 그 다음에 태양이 아침을 압도하기 시작하고, 정오가 될 때까지 더 느슨한 얼마의 중간 시기가 있는데, 이것이 회기 안으로 걸러져 들어옵니다. 오후 3시나 4시 경, 거기에는 작업이 서서히 끝나간다는 느낌이 있습니다. 황혼이 우리를 다른 분위기로 데려갑니다.

SB: 몇 번이나 휴식시간을 갖는지요?

CB: 점심시간에만 휴식시간을 갖습니다. 그 외에는 내내 의자에 앉아 있습니다. 환자는 나와는 달리 휴식시간을 가질 것입니다. 그 이유는 잘 모르겠지만, 이유가 있다면, 내가 시작부터 끝까지 전체 경험을 깊은 명상처럼 경험하기 때문에, 돌아다니고 싶지 않다고 느낀다는 것일 겁니다.

SB: 이것이 마지막 질문입니다. 만일 이 책의 핵심 내용을 이제 막 자격을 인정받은 임상가들을 위해 요약한다면, 무슨 말을 하시겠습니까?

CB: 정신분석의 방법을 신뢰하시오. 당신을 도와줄 동료들의 팀을 구성하고, 환자가 떨어져서 산산조각나기 전에 그를 잡아 주시오. 단순히 분석의 양을 늘리고, 시간 연장과 관련된 세부사항들 및 동의한 내용들에 관해 명백히 하시오. 만일 그것이 효과가 없다면, 정신과의사가 임상적인 책임을 질 것이고, 당신은 환자의 필요들을 충족시키기 위해 최선을 다했다는 것을 알게 될 것입니다.

참고도서

Bibliography. Balint, Michael, 1968. *The Basic Fault*. London: Tavistock.

Bollas, Christopher, 1989. *Forces of Destiny*. London: Free Association Books.

--, 1992, *Being a Character*. New York: Hill & Wang.

--, 1995. *Cracking Up*. New York: Hill & Wang.

--, 1997. *The Freudian Moment*. London: Karnac.

--, 2011, *The Christopher Bollas Reader*, London: Routledge.

Bollas, Christopher and Sundelson, David, 1995. *The New Informants*. New York: Aronson.

Freud, Sigmund, 1923. Two encyclopaedia articles. In: Freud, Sigmund, *Standard Edition of the Complete Psychological Works of Sigmund Freud*, XVIII. London; Horgarth Press, pp. 233-259.

Kubie, Lawrence S., 1960. *The Riggs Story*. New York: Harper & Brothers.

Phillips, Adam. 2002. *Equals*. London: Faber & Faver.

Rosenfeld, Herbert, 1987. *Impasse and Interpretation*. London: Tavistock.

Steiner, John, 1993. *Psychic Retreats*. London: Routledge.

한국심리치료연구소 총서

순수 심리치료 분야

놀이와 현실
Playing and Reality
by D. W. Winnicott / 이재훈

울타리와 공간
Boundary & Space
by D. Wallbridge
& M. Davis / 이재훈

유아의 심리적 탄생
Psychological Birth
of the Human Infant
by M. Mahler & F. Pine / 이재훈

꿈상징 사전
Dictionary of Dream Symbols
by Eric Ackroyd / 김병준

그림놀이를 통한 어린이 심리치료
Therapeutic Consultation
in Child Psychiatry
by D. W. Winnicott / 이재훈

자기의 분석
The Analysis of the Self
by Heinz Kohut / 이재훈

편집증과 심리치료
Psychotherapy
& the Paranoid Process
by W. W. Meissner / 이재훈

멜라니 클라인
Melanie Klein
by Hanna Segal / 이재훈

정신분석학적 대상관계이론
Object Relations
in Psychoanalytic Theories
by J. Greenberg & S. Mitchell / 이재훈

프로이트 이후
Freud & Beyond
by S. Mitchell & M. Black
/ 이재훈 · 이해리 공역

성숙과정과 촉진적 환경
Maturational Processes
& Facilitating Environment
by D. W. Winnicott / 이재훈

참자기
The Search for the Real Self
by J.F. Masterson / 임혜련

내면세계와 외부현실
Internal World & External Reality
by Otto Kernberg / 이재훈

자폐아동을 위한 심리치료
The Protective Shell in Children and
Adult by Frances Tustin / 이재훈 외

박탈과 비행
Deprivation & Delinquency
by D. W. Winnicott / 이재훈 외

교육, 허무주의, 생존
Education, Nihilism, Survival
by D. Holbrook / 이재훈 외

대상관계 개인치료 I · II
Object Relations Individual Therapy
by Jill Savege Scharff & David E.
Scharff / 이재훈 · 김석도 공역

정신분석 용어사전
Psychoanalytic Terms and Concepts
Ed. by Moore and Fine / 이재훈 외

하인즈 코헛과 자기심리학
H. Kohut and the Psychology of the
Self
by Allen M. Siegel / 권명수

성격에 관한 정신분석학적 연구
Psychoanalytic Studies of the
Personality by Ronald Fairbairn / 이재훈

대상관계 이론과 임상적 정신분석
Object Relations
& Clinical Psychoanalysis
by Otto Kernberg / 이재훈

나의 이성, 나의 감성
My Head and My Heart by De
Gregorio, Jorge / 김미겸

환자에게서 배우기
Learning from the Patient by Patrick
J. Casement / 김석도

의례의 과정
The Ritual Process
by Victor Turner / 박근원

순수 심리치료 분야

대상관계이론과 정신병리학
Object Relations Theories and Psychopathology by Frank Summers /이재훈

정신분석학 주요개념
Psychoanalysis : The Major Concepts, by Moore & Fine/이재훈

대상관계 단기치료
Object Relations Brief Therapy by Michael Stadter/이재훈 • 김도애

임상적 클라인
Clinical Klein by R. D. Hinshelwood/ 이재훈

살아있는 동반자
Live Company by Anne Alvalez /이재훈 외

대상관계 가족치료
Object Relations Family Therapy by Jill Savege Scharff & David E. Scharff/이재훈

대상관계 집단치료
Object Relations, the Self and the Group by Charles Ashbach & Victor L. Shermer/이재훈

스토리텔링을 통한 어린이 심리치료
Using Storytelling as a Therapeutic Tool with Children by Sunderland Margot/이재훈 외

아동 자폐증과 정신분석
Autismes De L'enfance by Roger Perron & Denys Ribas/권정아 • 안석

하인즈 코헛의 자기심리학 이야기 1/홍이화

초보자를 위한 대상관계 심리치료
The Primer of Object Relations Therapy by Jill & David Scharff/오규훈 • 이재훈

인격장애와 성도착에서 의공격성
Aggression and Perversions in Personality Disorders/이재훈 • 박동원

대상관계 단기부부치료
Short Term Object Relations Couple Therapy by James Donovan /이재훈 • 임영철

왜 정신분석인가?
Une Psychanalyse Pourquoi? by Roger Perron/표원경

애도
Mourning, Spirituality and Psychic Change by Susan Kavaler-Adler/이재훈

독이 든 양분
Toxic Nourishment by Michael Eigen/이재훈

무의식으로부터의 불꽃
Flames from the Unknown by Michael Eigen/이준호

정신분석학 주요개념 II
Psychoanalysis : The Major Concepts, by Moore & Fine/이재훈

대상의 그림자
The Shadow of the Object by Christopher Bollas/이재훈 외

환기적 대상
The Evocative Object by Christopher Bollas/이재훈

끝없는 질문
The Infinite Question by Christopher Bollas/이재훈

순수 심리치료 분야

소아의학을 거쳐 정신분석학으로
Through Paediatrics to Psycho-Analysis by D. W. Winnicott/이재훈

감정이 중요해
Feeling Matters by Michael Eigen/이재훈

흑암의 빗줄기
A Beam of Intense Darkness by Grotstein/이재훈

C.G. 융과 후기 융학파
Jung and the post-Jungians by Andrew Samuels/김성민

깊이와의 접촉
Contact With the Depth by Michael Eigen/이재훈

심연의 화염
Flames From the Unconscious by Michael Eigen/이재훈

정신증의 핵
The Psychotic Core by Michael Eigen/이재훈

난 멀쩡해 도움 따윈 필요없어
I am not sick I Don't Need Help by Xavier Amador/최주언

분석적 장
The Analytic Field ed. Antonino Ferro & Roberto Basile/이재훈

신앙과 변형-마이클 아이건 서울 세미나 II-
Faith & Transformation by Michael Eigen Seoul Seminar II/이재훈

아스퍼거 아동으로 산다는 것은?
What is it like to be me? by Alenka Klemenc 외/이재훈

아기에게 말하기
Talking to Babies by Myriam Szejer, M.D./김유진 • 이재훈

자폐아동의 부모를 위한 101개의 도움말
101 Tips for Parents of Children with Autism by Arnold Miller and Theresa C. Smith/최주언

"그러나 동시에 또 다른 수준에서 I"
"But at the Same Time and on Another Level I" by James S. Grotstein/이재훈 외

C.G.융
C.G. Jung by Elie G. Humbert/김유빈

자폐적 변형
Autistic Transformations by Celia Fix Korbivcher/최윤숙/이재훈

상상을 위한 틀
A Framework for the Imaginary by Judith Mitrani/이재훈

정신분열증 치료와 모던정신분석
Modern Psychoanalysis of the Schizophrenic Patient by Hyman Spotnitz/이준호

100% 위니캇
100% Winnicott by Anne Lefèvre/김유빈

순수 심리치료 분야

"그러나 동시에 또 다른 수준에서"
"But at the Same Time and on Another Level II" by James S. Grotstein/
박동원 • 이재훈 외

정신분석과 이야기하기
Psychoanalysis as Therapy and Storytelling by Antonino Ferro/김유진 • 이재훈

비온 정신분석 사전
The Dictionary of the Work of Bion by Rafael E. Lopez-Corvo/이재훈

전이담기
Taking Transeference by Judth Mitrani/이재훈 • 최명균

가정, 우리 정신의 근원
Home is Where We Start From by Donald W. Winnicott/김유빈

내면의 삶
Inside Lives by Margot Waddell/
이재훈

상호주관적 과정과 무의식
Intersubjective Processes and the Unconscious by Lawrence J. Brown/
이재훈 • 김유진

숙고
Cogitation by Wilfred R. Bion/
이재훈

코헛의 프로이트 강의
Kohut's Freudian Vision by Heinz Kohut & Philip F. D. Seitz/이천영

아이, 가족, 그리고 외부 세계
The Child, the family, and the Outside World by D.W. Winnicott/이재훈

성서와 개성화/김재성

멜처 읽기
A Meltzer Reader edited by Meg Harris Williams/이재훈

정신분석 아카데미 씨리즈

성애적 사랑에서 나타나는 자기애와 대상애/문현아

싸이코패스는 누구인가?/박문현

영조, 사도세자, 정조, 그들은 왜/서정미

정신분석에서의 종결/윤종민

정신분열증, 그 환상의 세계로 가다/박순아

자폐적 대상에 대한 정신분석적 연구/이경숙

정신분석과 은유/문은정

사라짐의 의미/김명훈

제 4차 산업혁명에 대한 정신분석적 고찰/박보린

기독교 신앙과 관련된 심리치료 분야

종교와 무의식
Religion & Unconscious
by Ann & Barry Ulanov / 이재훈

희망의 목회상담
Hope in the Pastoral Care
& Counseling
by Andrew Lester / 신현복

살아있는 인간문서
The Living Human Document
by Charles Gerkin / 안석모

인간의 관계경험과 하나님경험
Human Relationship
& the Experience of God
by Michael St. Clair / 이재훈

신데렐라와 그 자매들
Cinderella and Her Sisters
by Ann & Barry Ulanov / 이재훈

현대정신분석학과 종교
Contemporary Psychoanalysis
& Religion
by James Joncs / 유영권

살아있는 신의 탄생
The Birth of the Living God
by Ana-Maria Rizzuto / 이재훈

인간의 욕망과 기독교 복음
Les Evangiles au risque
de la Psychanalyse
by Françoise Dolto / 김성민

신학과 목회상담
Theology & Pastoral Counseling
by Debohra Hunsinger
/ 이재훈・신현복

성서와 정신
The Bible and the Psyche
by E. Edinger / 이재훈

목회와 성
Ministry and Sexuality
by G. L. Rediger / 유희동

상한 마음의 치유
Healing Wounded Emotions
by M. H. Padovani 외 / 김성민 외

신경증의 치료와 기독교 신앙
Les Maladies Nerveuses et leur
Guérison
by A. Lechler / 김성민

전환기의 종교와 심리학
Religion and Psychology in
Transition
by James Johns / 이재훈

영성과 심리치료
Spirituality and Psychotherapy
by Ann Belford Ulanov / 이재훈

치유의 상상력
The Healing Imagination
by Ann Belford Ulanov / 이재훈

외상, 심리치료 그리고 목회신학
/ 김정선

그리스도인의 원형
The Christian Archetype
by Edward F. Edinger / 이재훈

융의 심리학과 기독교 영성
De I'inconscient à Dieu: Ascèse
Chrètienne et psychologie de C.G.
Jung by Erna van de Winckel / 김성민

정신분석과 기독교 신앙
les évangiles et la foi au risque de la
psychanalyse
by Françoise Dolto / 김성민

성서와 개성화
/ 김재성